U0897103

福禄寿喜·美好生活

——中国吉祥文化映像

浙江自然博物院
河　北　博　物　院　　　　　　　　　　　　　　组编
上海市历史博物馆（上海革命历史博物馆）
严洪明　罗向军　胡　江　　　　　　　　　　　主编

浙江科学技术出版社

图书在版编目（CIP）数据

福禄寿喜·美好生活 ：中国吉祥文化映像 / 浙江自然博物院，河北博物院，上海市历史博物馆（上海革命历史博物馆）组编 ；严洪明，罗向军，胡江主编 . —杭州 ：浙江科学技术出版社，2021.11
ISBN 978-7-5341-9902-8

Ⅰ . ①福… Ⅱ . ①浙… ②河… ③上… ④严… ⑤罗… ⑥胡… Ⅲ . ①中华文化—研究 Ⅳ . ① K203

中国版本图书馆 CIP 数据核字（2021）第 220740 号

书　　名　福禄寿喜 · 美好生活——中国吉祥文化映像
组　　编　浙江自然博物院
　　　　　河北博物院
　　　　　上海市历史博物馆（上海革命历史博物馆）
主　　编　严洪明　罗向军　胡　江

出版发行　浙江科学技术出版社
　　　　　杭州市体育场路 347 号　邮政编码：310006
　　　　　办公室电话：0571-85170300-61706
　　　　　销售部电话：0571-85176040
　　　　　网址：www.zkpress.com
　　　　　E－mail：zkpress@zkpress.com
排　　版　杭州万方图书有限公司
印　　刷　浙江海虹彩色印务有限公司

开　　本	965 × 1270　1/16	印　张	12.75
字　　数	260 000		
版　　次	2021 年 11 月第 1 版	印　次	2021 年 11 月第 1 次印刷
书　　号	ISBN 978-7-5341-9902-8	定　价	220.00 元

版权所有　翻印必究

（图书出现倒装、缺页等印装质量问题，本社销售部负责调换）

责任编辑　杜宇洁　　责任校对　张　宁
责任美编　金　晖　　责任印务　崔文红

《福禄寿喜·美好生活——中国吉祥文化映像》

编 委 会

主　编	严洪明　罗向军　胡　江
副主编	杨　岭　李　新　裘争平
编　委	严洪明　罗向军　胡　江　杨　岭　李　新　裘争平 韦立立　方　寸　雷鸣霞　王　强　王思宇　范忠勇 陆祎玮　张　洋　刘立伟　袁乐洋　李秀悌　吴　灏 范德伟　张红霞　康小兵　陈汉鸿　丁佳荣　戎静侃 唐永余　王徐悦

浙江自然博物院

主　　编	严洪明
副 主 编	杨　岭
编　　委	严洪明　杨　岭　韦立立　方　寸　雷鸣霞　王　强　王思宇　范忠勇　陆祎玮 张　洋　刘立伟　袁乐洋　李秀悌　吴　灏
撰　　稿	雷鸣霞　王　强　王思宇　范忠勇　陆祎玮　张　洋　刘立伟　袁乐洋　李秀悌 吴　灏　方　寸　许　捷
摄　　影	王旭东
图片提供	王思宇　内田友幸　方　寸　刘　军　刘立伟　齐　硕　杨小峰　李光敏 杨瑞芳　张　洋　陈树林　陈熙文　范忠勇　金　黎　周佳俊　钱　斌　钱周兴 菲　菲　曹叶源　章书岩　屠彦博　Annika Treial　Zhang Kaiyv　Zheng Taotang

河北博物院

主　　编	罗向军
副 主 编	李　新
编　　委	罗向军　李　新　范德伟　张红霞　康小兵
撰　　稿	陈　静　马小颖　朱云玲　雷　静　边质洁　夏文峰　王丽平　冯　宁　杜　森

上海市历史博物馆（上海革命历史博物馆）

主　　编	胡　江
副 主 编	裘争平
编　　委	胡　江　裘争平　陈汉鸿　丁佳荣　戎静侃　唐永余　王徐悦
撰　　稿	戎静侃　唐永余

序一

中国共产党建党百年之际，我国实现全面脱贫，全面建成小康社会，这是了不起的伟大成就。在实现第一个一百年奋斗目标的辉煌节点上，如何发挥博物馆的业务优势，利用特色藏品举办展览，用展览形式来祝贺建党百年及实现的成就，是浙江自然博物院近两年来一直在思考的现实命题。回溯中华文明漫长历史，黎民百姓始终对美好生活有着朴素的向往。从传统的小康社会到如今的美好生活，福禄寿喜一直是人们对美好生活的期许。以福禄寿喜为代表的中华吉祥文化，一直深嵌在人们的日常生活中，是中华优秀传统文化的一部分，是家风家训和精神文明建设的重要载体，亟须传承和弘扬。

我们把寓意“福禄寿喜”的动物、植物、文物和人物等藏品遴选出来，凝练出吉祥（瑞）主题。“吉”是福善之事，“祥”是喜庆之兆。蝠倒福也到，鹿来禄亦来，松鹤祝高寿，鸳鸯贺喜临，生灵万物在人们眼中有了别样的情态。即便是天上的星辰，也化作福星、禄星和寿星，走进千家万户。而历代劳动人民通过谐音、象征和比拟等手法，将这些蕴含美好愿景的形象汇集到画卷中或器物上：游鱼嬉戏莲间（连年有余）、鸾鸟衔起绶带（天仙祝寿）、猴子爬上马背（马上封侯）等等，又把千言万语说不尽的美好祝福，提炼成有趣，具正能量、故事性的符号，帮助人们从心理层面、生活层面树立信心，激励人们奋进，用勤劳的双手去创造幸福美好的生活。

“福禄寿喜·美好生活 —— 中国吉祥文化特展”，从自然科学的视角深入解读中国吉祥文化。该展分为三个部分：第一部分阐述中华吉祥文化的源起和发展；第二部分把人生分为“出生、求学、成家、立业、天命”五个阶段及相应的“福禄寿喜”呈祥；第三部分展现“福禄寿喜”吉祥文化的当代新解和价值，及其在“一带一路”的传播。为了丰富展品门类及展览层次，扩大集群效应，我院与河北博物院、上海市历史博物馆（上海革命历史博物馆）强强联手、跨界合作，遴选出近300件展品，期冀通过自然、历史、人文碰撞交融，激活文化记忆，讲好吉祥故事，进一步增强文化自信，为中国共产党建党一百周年献上吉祥祝福。

浙江自然博物院院长　严洪明

序二

“福、禄、寿、喜”是中华民族表达和乐美满的吉祥词语。人们巧妙运用来自现实和幻境中的瑞兽仙禽、祥花瑞草、神仙高人、佛道法器、历史典故等装饰题材，通过谐音、象征、比拟、双关、借喻等修辞手法，寄托人们对幸福生活的祈祷、对平安喜乐的向往、对良辰佳节的庆贺、对自身价值的追求。尤其在古代中国，“福、禄、寿、喜”承载着深厚的吉庆寓意和朴素的文化内涵，不仅被广泛应用于人们的日常生活中，还深深植根于民间信仰和生活习俗中，散发出极强的生命力和影响力，跨越时空、民族、宗教等范畴传播到世界各地。

1840年鸦片战争以后，中华民族屡遭列强欺凌，广大人民逐渐陷入苦难深重、流离失所的生活之中。1921年中国共产党诞生，带领中国人民实现了国家独立和民族解放，实现了从站起来、富起来到强起来的历史性飞跃，中国人民对美好生活也有了更深的向往和更高的期待。“福、禄、寿、喜”等吉祥文化不仅仍为广大民众所喜闻乐见，而且有了新的发展，人们借此祝福新生活、喜迎新时代。基于此，河北博物院、浙江自然博物院、上海市历史博物馆（上海革命历史博物馆）紧密携手，历经三年时间，策划筹办了“福禄寿喜·美好生活——中国吉祥文化特展”。

该展览为三种不同类型文博单位的首次跨界合作，共展出三地珍贵文物、动植物标本270余件（套），从自然、历史、民俗三个角度阐释了“福、禄、寿、喜”吉祥文化的萌芽与发展演变、文化内涵与表现方式，以期让大家深入了解动植物的自然属性和人文属性，了解传统文化中表达美好愿望的方式方法，从而推动绿色发展，促进人与自然和谐共生。

感谢三地同人的通力合作和辛勤付出，才有了本书的出版！

我们也借本书的美好寓意，祈愿各位阖家安康、万事如意，祝福祖国繁荣昌盛、再谱华章！

河北博物院党委书记、院长　罗向军

序三

迎吉纳福、趋利避害，是人类生存的共同心态和本能行为。在中国，吉祥符号、图案似乎很不起眼，但无处不在、无人不用，是中华五千年传统文化的重要组成部分，集中体现了中华儿女对美好生活的期望和热爱。

在人与自然彼此交融、相互沟通的过程中，许多动植物图案被赋予吉祥寓意。金鱼、鸾凤、牡丹、葫芦之类象征富贵安康；仙鹤、乌龟、灵芝、松柏等寓意健康长寿。许多大型活动的吉祥物也取材于动植物，如北京奥运会的福娃贝贝、晶晶和迎迎的设计灵感取材于鱼、大熊猫和藏羚羊，第十届中国花博会的吉祥物以上海市市花“白玉兰”和“崇明水仙”为创意元素。它们都代表美好的祝愿——繁荣、欢乐、热情、喜庆与好运。从祈福寓意上来说，这和我国传统的吉祥文化是相通的。吉祥文化是中华民间信仰文化和艺术文化开出的一枝绚丽多彩的花，福、禄、寿、喜是其核心内容，内涵丰富，表现形式多样，寓意深刻，为人民大众所喜闻乐见。

此次，上海市历史博物馆（上海革命历史博物馆）与浙江自然博物院、河北博物院携手举办的“福禄寿喜·美好生活——中国吉祥文化特展”，便是从自然科学、艺术人文、社会生活等不同角度展现吉祥文化对民族精神、社会生活、经济生活产生的重要影响，并以此来激励大家用奋斗来创造美好的明天。

上海市历史博物馆（上海革命历史博物馆）馆长　胡　江

目录

MU LU

Chapter one

第一章 欢喜相逢

吉祥文化的源流与发展

在文明的不同阶段，人们会面对不同的未知、危险与困惑。在与自然共处的过程中，人们逐渐将生活情感融入对自然的观察，常因动植物的名字谐音或特殊习性，而将美好寓意赋予它们，并以手工制品为媒介，寄托对幸福的希望，投射灵感与创造的梦境于现实。人类从自然中出走创造了文明社会，又因为对美好生活的向往，在文化造物中与自然欢喜相逢。

第一节 沟通天地

——吉祥文化的源流与发展

在人类文明早期，刚刚走出蒙昧状态的人们依旧面临着大自然中潜藏的各种危险。在与自然的共处中，先人们摸索着认识自然，尝试着沟通天地，在观察和实践中萌发了原始的吉祥观念。从图腾崇拜到万物有灵论，道教的发展和佛教的传入都为吉祥文化注入了丰富的素材。至秦汉时期，吉祥文化已生长出初步的象征体系。

1 万物有灵

社会发展早期，人们为了生存和繁衍必须学会与大自然相处。然而，面对强大莫测的自然力，饱受野兽、天灾、疾病威胁的先人们，对神秘莫测的宇宙万象充满幻想与猜测。人类祈求借助万物之力来消灭灾害、保佑平安。由此，万物有灵、物我冥合，成为原始意识的主要内容。

自然金

从古埃及和美索不达米亚平原文明开始，人类使用黄金的历史至少有6000年。自然金通常呈树枝状生长，以颗粒状和鳞片状块体的形式出现。

翡翠

翡翠是主要矿物成分为硬玉的多晶质集合体。常见颜色为黄色的，称为翡；为绿色的，称为翠。另有紫色、无色的等。该标本为可见到黄色、绿色和紫色的翡翠。

祖母绿

祖母绿的主要矿物成分为铍铝硅酸盐。晶体具有明显的六边形柱状结构，颜色翠绿而柔和，具有玻璃光泽，表面有裂纹。

鸡血石

浙江昌化鸡血石与福建的寿山石、浙江的青田石和内蒙古的巴林石并称为四大国石。鸡血石的主要成分为地开石、叶蜡石等，其中含有的矿物辰砂，呈鲜红色，如鸡血一般，故名鸡血石。

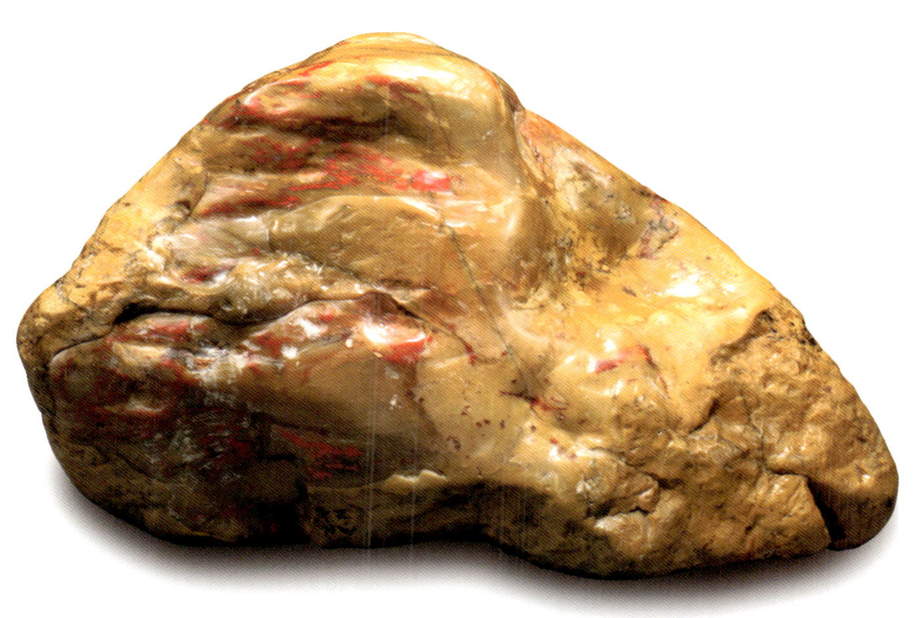

碧玺

碧玺是晶体结构和化学成分复杂的矿物，其主要成分为含硼硅酸盐。因此，碧玺的颜色丰富，常见的有绿色、红色、蓝色、黄色等。同一件标本上还可具有不同的颜色组合，如这一组碧玺切片，可见其主体内圈为紫褐色，中间为粉色，外圈为绿色。

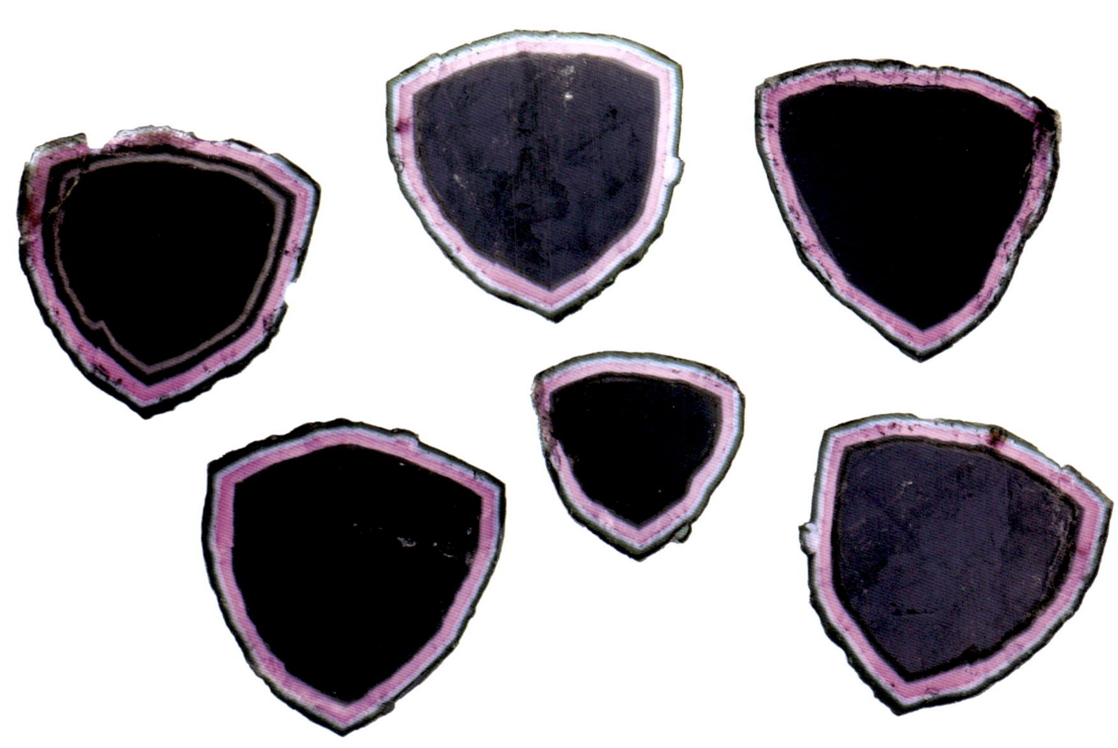

青金石

青金石湛蓝深邃，深受大众喜爱。镶嵌其中的金色矿物为黄铁矿，白色矿物为方解石。青金石的主要产地为阿富汗。

红水晶

水晶是一种石英（主要成分为二氧化硅）结晶体矿物。当二氧化硅结晶完美时，就是水晶。石英是地球上第三大常见矿物，储量仅次于冰和长石。石英通常呈无色透明或白色透明。红水晶是水晶晶体中包含了氧化铁的矿物杂质。

绿松石

绿松石是一种含铜铝的磷酸盐矿物，常呈隐晶质、致密块状，颜色有天蓝、淡蓝、绿、黄绿等。绿松石上暗色部分为风化物、铁质和泥质胶结物，称为铁线。

自然银

自然银由于具有强氧化性，在自然界中十分罕见，常含有铜、铅、锌等金属矿物。自然银属于等轴晶系，集合体通常呈树枝状、不规则薄片状、不规则粒状和块状。

自然铜

自然铜是一种常见的自然元素类矿物，通常是自然界铜元素富集生成的不规则的树枝状、片状及块状集合体。此件标本为由棕红色的铜晶簇包裹着围岩，形态舒展美观。

萤石

萤石的主要化学成分为氟化钙，是自然界中常见的氟化物矿物。因为晶体经过紫外线的照射后，在灰暗的环境中会散发出微弱的光，故称萤石。萤石为等轴晶系，晶体呈四面体和八面体。颜色丰富，常见的有绿色、蓝色、紫色和无色等。

石榴石

石榴石的化学成分为镁铝硅酸盐，化学通式为$A_3B_2(SiO_4)_3$。在矿物学分类中，将石榴石分为铝系、钙系。石榴石的颜色丰富，有红色、橙色、黄色、绿色、紫色等。紫色的石榴石被称为“紫牙乌”。这件标本中石榴石与水晶共生。

孔雀石

孔雀石属于常见矿物之一，主要化学成分为碱式碳酸铜。孔雀石为自色矿物，其特有的蓝绿色，源于矿物自身成分中的铜离子。孔雀石常形成放射状或环带状构造，颜色鲜艳，花纹优美，具有悠久的应用历史。

琥珀

琥珀是由树木的树脂石化而形成的，是一种常见的有机宝石。在特殊环境下，部分理化性质较为稳定的树脂中含有的挥发性物质逐渐散发，其中的大分子物质逐步聚合，最终形成琥珀。琥珀一般为黄红色调，透明至半透明，具油脂光泽。文玩中常见的蜜蜡也是琥珀的一种。琥珀的一个重要特征是其内可能会有生物内含物，如这两件缅甸琥珀标本，包裹了9000多万年前热带森林中的昆虫，含有远古时期的古生态等重要信息。

元卵白釉印花龙纹菱花口盘

直径16.2厘米，高1.9厘米。菱花口，浅腹，平底。胎体洁白细腻，施卵白色釉，釉质莹润。盘心印二龙戏珠纹。龙珠置于盘中间，左右二龙相对戏游。龙小头，细长颈，身修长，四爪坚挺有力。纹饰轮廓清晰，凸起较高，具有较强的立体感，尽显龙矫健威猛之气。龙珠被认为是一种宝珠，可避水火。有单龙戏珠、二龙戏珠，也有群龙戏珠，都有表示吉祥安泰、祝颂平安与长寿之意。

金仙人福鹿纹铜镜

直径13厘米。铜镜，圆形，素缘，圆纽。纽右侧山岩上有一株大树，枝叶横贯顶部，天际有祥云和明月。右侧山岩下有两扇山门，从门内走出一侍童，手托龟躬身站立。左侧一仙人端坐，有头光，身后站立一鹤，身旁有香炉，香炉和龟各升腾起一股云气向上飘扬。纽下一鹿向仙人款款而行。山岩下端有涓涓流水，一小童趴伏于岸边嬉耍。龟、鹤代表长寿，鹿寓意俸禄和富贵，这些表达了古代人们对长寿的祈求和对富贵的渴望。

清康熙五彩龙凤纹盘

直径35厘米，高6.5厘米。敞口，浅腹，圈足。胎质坚硬细腻，胎色洁白。器内绘五彩龙凤纹，龙凤首尾相随穿梭于祥云与杂宝之中，色彩艳丽，纹饰清晰。器外口沿绘红彩卷草纹。龙是麟虫之长，凤为百鸟之王，都是祥瑞，龙凤相配便呈吉祥，习称龙凤呈祥纹，常用来形容夫妻恩爱相随、相濡以沫、百年好合的忠贞爱情。

清灵芝蜻蜓纹玉坠

长4.4厘米，宽1.7厘米。玉色青白有褐斑。整器采用透雕技法琢制而成，一面雕灵芝，一面雕一只憨态可掬的蜻蜓立于灵芝之上。灵芝形似“如意”，自古以来就是吉祥、富贵、长寿的象征，有“仙草”之称，据说有令人起死回生、长生不老之功效。蜻蜓亦有吉祥之意，其与灵芝组合在一起，寓意祥瑞而美好。

汉“广乡亭侯”铜印

边长2.7厘米，高2.1厘米。龟钮，方印，铸制。印文篆书“广乡亭侯”。《汉书·地理志第八下》载：“广平国……县十六……广乡……”此印系广乡县下亭侯小吏所用。龟钮是古印中常见的钮制，始于战国，盛于两汉。龟在上古称玄武，属“四灵”之一，且龟寿命长，读音又同“贵”，人们认为龟可以带来吉祥和好运。

2 民俗信仰

伴随历史发展，民间有关神鬼灵物、图腾祭祀、占卜禁忌等事象，构成了民俗信仰体系。人们借助信仰来超越自然之物，企图依托神灵的庇佑，以突破生存的困境，表达对平安幸福的渴求。各类传统神灵与各路宗教神祇被反复筛选组合，从而构成一个复杂庞大的民俗信仰体系。在这庞杂的民俗信仰中，每一种神灵既能找到民间的受众，又在吉祥图案中得以进一步呈现。

◎道教神话

道教吸收道家思想，融合战国以来的神仙方术，主张通过修炼超越有限的人生，进入无限的境界。道教不仅继承了古老的哲学内涵，还通过法术医道等手段，为人类生存提供更为世俗化的心理依托，因而极大地体现了人们追求幸福的愿望。受道教影响，吉祥图案中同道教有关的神话传说与人物大量出现。

福禄寿三星人物立像

明嘉靖青花八仙过海纹盖罐

腹径32.5厘米，通高42厘米。直口，短颈，溜肩，鼓腹，平底。胎质坚硬致密，胎色洁白，釉层肥厚，釉面光润，釉色白中闪青。通体绘青花纹饰。附伞形盖，盖顶置宝珠形钮，盖面绘如意形莲纹和缠枝莲纹，盖沿绘一周花卉纹，花卉间以暗八仙纹饰相隔。颈部绘卷草纹一周。肩绘折枝花卉与暗八仙纹。腹部绘八仙过海纹，八仙处于祥云之中，足踏海水之上，人物刻画栩栩如生，神采奕奕。近底处绘变形莲瓣纹。器物构图严谨，纹饰繁密，层次清晰。八仙纹为典型的宗教纹饰之一，盛行于明代中晚期，尤以嘉靖、万历两代为甚。八仙过海是中国古代著名的民间神话传说之一，有“八仙过海，各显神通”之说，是吉祥、智慧、成功的象征。

明万历青花人物八卦纹三足炉

腹径16.6厘米，高8.8厘米。直口，平沿，短颈，扁圆腹，下承三足。胎质坚硬致密，胎色洁白，釉面光润，釉色白中闪青。口沿绘青花折枝花草及杂宝纹。颈部绘菱形锦纹，并凸饰八卦纹。腹部三开光内绘青花人物纹，其间隔以青花锦地纹。八卦纹是典型的宗教纹样之一，古代常用八卦图作为除凶避灾的吉祥图案。《太平御览》中有记："伏羲坐于方坛之上，听八风之气，乃画八卦。"以"—"为阳，以"--"为阴，组成八卦：乾为天、坤为地、震为雷、巽为风、坎为水、离为火、艮为山、兑为泽，以类万物之情。八卦分据八方，中绘太极之图。《易传》认为八卦主要象征天、地、雷、风、水、火、山、泽八种自然现象，并认为"乾"和"坤"两卦在八卦中占特别重要的地位，是自然界和人类社会一切现象的最初根源。

清道光粉彩八仙人物纹杯

口径6.3厘米，高3.5厘米。花口，八棱形腹，圈足。胎质坚硬细腻，胎体轻薄，胎色洁白。器外壁绘粉彩八仙人物纹。在传说中，八仙各有不同的法器，铁拐李有铁杖及葫芦，汉钟离有芭蕉扇，张果老有拂尘，蓝采和有花篮，何仙姑有荷花，吕洞宾有长剑，韩湘子有横笛，曹国舅有阴阳板。他们随身所携带的法器各有妙用。

清光绪青花八仙人物纹八棱碗

口径13.6厘米，高5.5厘米。花口，八棱形腹，圈足。胎质坚硬细腻，胎色洁白。器外壁绘青花八仙人物纹。八仙手持法器，脚踏祥云，各显神通。

清寿鹿玉镇纸

长11.8厘米，宽4.4厘米，高3厘米。玉青色，带黄褐色绺纹。此器圆雕一老人席地而坐，一鹿卧于老人身旁，背靠山石。老人神态安详，长髯，大肚，左手放在书上，右手抚右膝，身着长袍，袒胸露腹。鹿回首，身饰圆形花纹。作品造型繁简相宜，老人头部雕琢细腻，而鹿则仅具外形，较为写实。老人代表长寿，鹿代表福禄，寓意福禄长寿。整器为平底，可做镇纸用，不仅是实用品，也是文房清玩。

清青玉福禄寿星

高9厘米。料青色。圆雕寿星，面带微笑，左手拄杖，右手持灵芝，灵芝上飞落一只蝙蝠。寿星旁站立一鹿。寿星即南极仙翁（福、禄、寿三星之一），寓意长寿。传说鹿乃长寿之仙兽，千年为苍鹿，两千年为玄鹿。老寿星南极仙翁选择鹿当他的坐骑，保护仙草灵芝，向人间布福增寿，送人安康，预兆祥瑞。

正面

反面

道教葫芦形挂牌

葫芦形挂牌宽4厘米，高7.5厘米；椭圆形挂牌宽4.2厘米，高5.7厘米。两块挂牌顶部都有孔，以活环链相连。葫芦形挂牌正面上有“喜神方位，迎之大吉”八字，下面有八卦图；反面为道教符文。葫芦是道教八宝之首，有悬壶济世之意。道家法器和道具总离不开葫芦，如寿星、铁拐李、太上老君等道教仙人的形象都携带葫芦。传统习俗中，喜神是专司喜庆之事的神灵，迎接喜神，能带来吉祥如意。

清同治粉彩福禄寿三星人物纹盆

口径29.5厘米，高9.7厘米。敞口，折沿，深弧腹，圈足。胎质坚硬细腻，胎色洁白。器内底绘粉彩福禄寿三星人物纹，三星手持吉祥之物、神情自若，后有一童子手持芭蕉扇。内壁绘一组婴童嬉戏纹，婴童有的放爆竹，有的手提灯笼，有的怀抱花瓶，玩得不亦乐乎，还有一妇人怀抱婴儿、面露慈祥。整体构图松紧有致，人物刻画生动活泼，呈现一种欢快祥和的景象。器外壁绘红彩竹叶纹。福禄寿三星属于道教神仙，民间喜欢把福、禄、寿三星作为幸福、吉利、长寿的象征。道教认为婴孩是最纯真朴实的，是人与自然和谐统一的象征。同时，婴孩图纹也有多子多福，生活美满的美好寓意。

清乾隆斗彩人物纹盘

口径16.2厘米，高3.8厘米。敞口，浅腹，圈足。胎质坚硬细腻，胎色洁白。器内外壁绘青花寿字纹。器内底绘斗彩人物故事纹，一寿星端坐于地上，倚于鹿前。底书青花“福寿双全”楷书款。鹿常与寿星为伴，代表长寿；鹿又与禄字谐音，有吉祥长寿和升官之意。

◎佛教祥瑞

西汉时佛教初传我国。魏晋南北朝以降，中国吉祥图案在本土传统纹样继续发展的同时，也明显受佛教影响。一些从异域佛教中派生出的吉祥意象，也符合中华民族向善向美的心理，因而得以源远流长。

红珊瑚

红珊瑚生长于100～2000米深的海中。红珊瑚与珍珠、琥珀并列为三大有机宝石，是东方佛典中的七宝之一，被视为富贵祥瑞之物。

长砗磲

砗磲

砗磲是海洋中最大的双壳贝类，外壳表面粗糙，但内部色彩艳丽。砗磲的壳很厚，壳内壁洁白光润，尾端精华处经切磨，可做佛珠装饰等，是佛教七宝之一。目前，砗磲已被列为濒危物种。

清光绪粉彩八宝纹盘

口径38.1厘米，高6.4厘米。敞口，浅腹，圈足。胎质坚硬细腻，胎色洁白。器内口沿绘如意纹一周，底绘绿彩勾莲纹，内壁绘粉彩八宝纹，外壁绘粉彩勾莲纹。器底书红彩“大清光绪年制”楷书款。“八宝”亦称“八吉祥”，是典型的宗教纹样之一，特指以佛家常用的象征吉祥的八件宝物为题材的纹饰。八宝分别为法轮、法螺、宝伞、白盖、莲花、宝瓶、金鱼、盘长结。

清嘉庆粉彩八宝纹碗

口径10.6厘米，高6.3厘米。敞口，深腹，圈足。胎质坚硬细腻，胎色洁白，胎体轻薄，釉面光润。器外壁以粉彩纹制，外口沿处绘回纹一周，腹部绘八宝纹，腹下近底处绘如意纹和点状纹一周。器底书“大清嘉庆年制”六字三行青花篆书款。

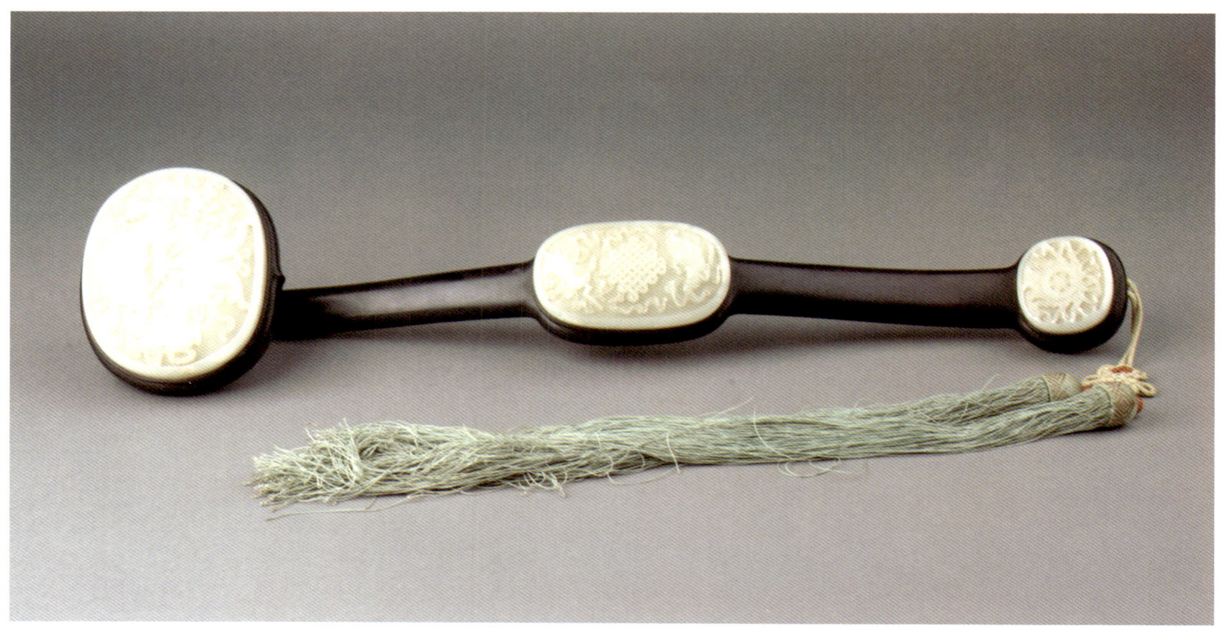

清紫檀柄浮雕八宝三镶青玉如意

长51.7厘米。紫檀木雕制，端首曲起作灵芝形。如意首、中、尾部各镶椭圆形青玉，浮雕伞、双鱼、宝瓶、莲花、法螺、法轮等八宝纹饰。据传八宝代表着释迦牟尼身体的八个部位，是藏传佛教八种表示祥瑞之物，寓意吉祥、美好、幸福之意。八宝还象征八种法器，寓意福泽深远，天下得享太平。

第二节 图出有意——吉祥文化的表达

隋唐以降，吉祥纹饰趋于世俗化，开始流行于各个阶层之间，题材也更加丰富，大量花草植物鸟禽图样被广泛应用。明清时期更是达到了“图必有意，意必吉祥”的系统化程度。传统吉祥图案把自然物人格化、理想化，使天人关系成为审美的演绎，不同的自然意象被人为地联结与叠加，展现更浓烈与纯粹的吉祥期冀。谐音、象征、文字等表达手法的运用，创造了图像与吉祥寓意完美结合的联想形态。

1 谐音

谐音是以生活事物原型的语音去谐音类比吉祥语，例如“鸡”谐音“吉”，“羊”谐音“祥”。

◎平升三级

“瓶”与“平”、“笙”与“升”同音，“戟”与“级”音近，常组合成瓶中升起三戟的图祥，寓意平平安安，仕途顺遂，连升三级。

◎五福捧寿

“五蝠”音同“五福”，五只蝙蝠围着寿字，称“五福捧寿”，寓意多福多寿。“五福捧寿”又被称作“五福拱寿”，意味着“五福”之中以寿为先，有了长寿才能享受到其他四福。

清道光粉彩描金五福捧寿纹碗

直径17.5厘米，高7厘米。敞口，深腹，圈足。胎质坚硬细腻，胎色洁白。器外壁等距绘四组五彩描金五蝠捧寿纹，分别置于蓝底描金回纹之上，口沿及近底处绘描金红彩蝙蝠及“卍”字纹相间一周。底书红彩“慎德堂制”楷书款。《尚书·洪范》称：五福，一曰寿，二曰富，三曰康宁，四曰攸好德，五曰考终命。蝠与“福”字同音，清代瓷器上多画五只蝙蝠以象征五福，又与寿字相配，组成五福捧寿纹饰，寓意多福多寿。

清嘉庆粉彩锦地福寿纹双耳簋

口径18.2厘米，高11.8厘米。撇口，深腹，高圈足，腹两侧贴塑对称螭耳。胎质坚硬细腻，胎色洁白。器内施绿釉。器外绘粉彩福寿纹饰，四只红色蝙蝠均匀分布在团寿周围，置于蓝色锦地纹之上。口沿绘如意纹一周，近底部绘莲瓣纹一周，圈足绘回纹一周。此器造型规整，纹饰寓意万事如意。

清同治粉彩五福捧寿纹碗

口径13.8厘米，高6厘米。敞口，深腹，圈足。胎质坚硬细腻，胎色洁白。器外口沿及近底处分别绘如意纹及莲瓣纹一周，腹外壁主题纹饰相间福寿三多纹及五福捧寿纹，寓意富贵吉祥、万事如意。

清嘉庆黄地矾红彩五福捧寿纹盘

口径15.4厘米，高3.2厘米。敞口，浅腹，小圈足。外壁黄釉为底，绘四组红彩如意云纹，云纹内分别书红彩篆书“万”“寿”“无”“疆”四字，四字之间绘四组缠枝莲纹；外壁近口沿一周用红彩绘八宝图案。内壁满施黄釉，盘心以红彩绘五只蝙蝠围绕一个寿字组成“五福捧寿”。足内施釉，书“大清嘉庆年制”六字三行篆书款。

清平升三级纹玉提携

长4.7厘米，高5.4厘米。器正面雕一祥云纹宝瓶，瓶内插有三只戟，瓶左右各雕饰一展翅飞翔的蝙蝠，寓意“平升三级”及“福寿”。背面为一长条穿孔，以便革带从中穿过。穿孔的下端有玉环，可以悬挂物件。整器风格清丽，刀法工整，打磨光亮。“瓶”谐音“平”，“戟”谐音“级”，瓶中插有三戟，即为“三级”，寓意官运亨通、晋升迅速。玉提携又叫“玉束带”，是玉带上的一种装饰玉块，有长方形、椭圆形、花形等多种样式。

2 象征

象征指根据自然界中动植物本身所显现的性质，如形态、色彩或生活习性等进行联想，来为其附加人格化意愿，以表现相近的吉祥文化内涵。

◎桃纹

桃子鲜甜，有滋补强身的作用。在中国神话中，寿桃能使人延年益寿，传说西王母种的蟠桃“三千年一著子”，吃了可长生。因此，寿桃纹样多象征着平安长寿。

◎三多纹

三多，即“多福、多寿、多子”，传统三多纹样一般由佛手、桃子和石榴组成。佛手形同其名，相传能握财宝，能掌福气；桃子俗称“寿桃”，象征长寿；石榴“千房同膜、千子如一”，有多子的寓意。

清光绪粉彩九桃纹花觚

口径18.5厘米，高37厘米。撇口，长颈，鼓腹下敛，足部外撇略小于瓶口。器身绘桃枝，枝干挺拔，枝叶葱翠，底部有盛开的花蕾和灵芝，腹部和颈部绘硕大的九个桃子和红色蝙蝠。图案主体为桃子，因而被称为“九桃纹”。“桃纹”象征长寿，神话中西王母娘娘设蟠桃会，吃下蟠桃可长生不死，因此桃被称为长寿之果；“九”在中国传统文化中代表至尊之数。“九桃”寓意万寿无疆、长寿幸福。

清粉彩九桃纹天球瓶

腹径24厘米，高41.5厘米。直口，圆唇，直颈，圆球腹，平底。器身绘桃枝，枝干缠绕瓶身，枝叶繁茂，花蕾遍布其中。腹部和颈部分布有九个大桃子。器物图案占比较大，十分精美。“桃纹”自古便具有吉祥含义，以桃符、桃木辟邪，家中长辈寿诞摆放寿桃，均取自其长寿美意。“九”在中国为最大数字，取数字“九”便是寓意长长久久，代表人们对长辈万寿无疆、益寿延年的盼望。

清同治粉彩福寿三多纹瓶

高26.8厘米。花口，长颈，瓜棱形腹，圈足。胎质坚硬细腻，胎色洁白。三条凹弧线贯穿器身，将其等分为三部分，上面分别绘粉彩桃子、石榴、佛手三果纹饰。瓶子整体色彩清新淡雅，主题纹饰突出。福寿三多以佛手谐音福，桃子寓意寿，石榴暗喻多子，有多福多寿多子之意。

清道光粉彩九桃纹碗

口径18.7厘米，高7.9厘米。撇口，深腹，圈足。胎质坚硬细腻，胎色洁白。器内壁施绿釉，器外壁绘粉彩寿桃纹。寿桃置于花朵之间，格外鲜艳耀眼，让人垂涎欲滴。纹饰主题突出，尽显吉祥长寿之意。

清乾隆青花松鹿蝙蝠纹瓶

口径4.5厘米，高17厘米。直口，束颈，圆腹下渐收，圈足微外撇。胎质坚硬细腻，胎色洁白。器身绘青花松鹿纹，松树高大挺拔，鹿回首翘望于松树之下，两只蝙蝠环绕松树翩然飞翔，草地上点缀灵芝草叶。青花色泽浓淡相宜，画面安静祥和，别有一番意境。松，百木之长，代表长寿；鹿与“禄”同音；蝠与“福”同音，寓意福禄寿。

清花果纹青玉如意

长38厘米。玉料青绿色，体呈灵芝形，头部曲起，鼓背，尾向上弯曲。如意的名称来源于梵语，随佛教传入中土。僧侣传教时，将要点抄其上备忘，亦为菩萨执法器。如意头部浅浮雕蝙蝠、佛手、桃、石榴，尾部如意形云头中琢“寿”字，意福寿皆如意，多子多福。

清桃形青玉盒

通高6厘米。玉青白色，桃形。桃子周壁镂雕枝叶，桃蒂两侧雕出两个大小不一的水池。盖面浮雕一只趴伏的蝙蝠，与卷曲的枝叶相互衬托，刻琢细腻。

清并蒂青玉桃

高12厘米。玉料青白色，圆雕双桃和一只蝙蝠。“蝙蝠”寓意“遍福”，象征幸福延绵无边；桃为五木之精，是增寿的瑞果，有长寿的寓意。蝙蝠和寿桃组合，表达了人们福寿双全的美好愿望。

锡制石榴粉盒

粉盒为模拟石榴挂枝形象的特殊器型，盒盖以浮雕形式表现一对石榴，石榴已成熟饱满，表面局部开裂，露出内部紧密簇拥着的石榴籽，生动可爱。盒身与盒底对应盒盖的轮廓，直壁，素面。粉盒为女性梳妆用具，饰以石榴，象征多子多福、家门兴旺，也寄托着把日子过得红红火火的愿望。

3 文字

用文字组合，或由文字与符号结合成图案，直观地表达吉祥寓意。

◎“福”字的演变

福字从示畐声。甲骨文中的“畐”为氏族专名，也有这是一种盛酒容器的说法，由此可推测“畐”在“福”字中不仅表音，也有关富足、宗族、祭祀等意向。最早的“福”字见于西周初期，增加的示字旁在文字构形中与神祇、祭祀等相关，或因福由神所赐，需要人去祈求。

甲骨文　金文　小篆　楷书

◎“禄”字的演变

甲骨文“禄”字的字形像一个布袋，上端横画，是袋口，“H”形物是绳结；袋里装着湿物，水渌（同“漉”，渗滤）下来。这就是“渌”字的本字——“录”。在甲骨文和金文中常借为“禄”。

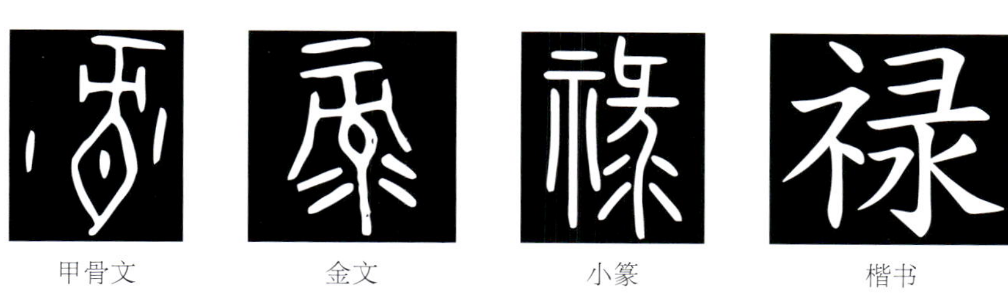
甲骨文　金文　小篆　楷书

◎“寿”字的演变

寿字古今各体的异体很多，但基本结构是由“老”和“已”组成。本义是“年老”，引申为“长寿”“寿命”“寿诞”等意。

甲骨文　金文　小篆　楷书

◎“喜”字的演变

“喜”字由“壴”“口”两部分构成。“壴”是鼓，“口”可以看作是笑着的嘴，组合到一起表示人们在庆祝活动的鼓声里欢笑。

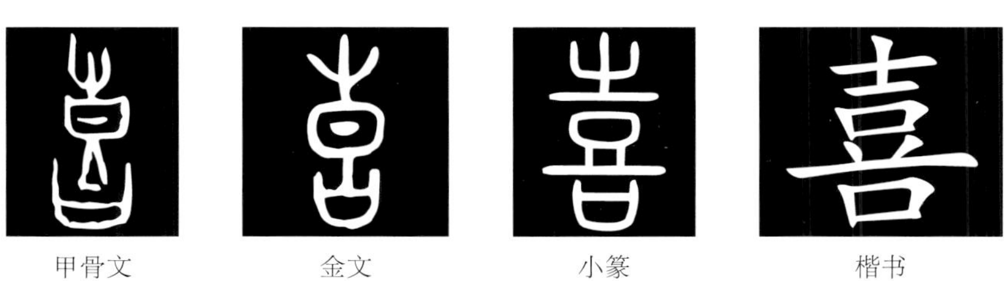
甲骨文　金文　小篆　楷书

清粉彩福寿牡丹纹香炉

口径17厘米，高11厘米。撇口内收，鼓腹下敛，圈足。足内施釉，内壁施满釉，外壁口沿绘一周蓝色回文，腹部均匀对称分布有黄地红彩“福”字两个、红地蓝彩“寿”字两个，每两字间绘牡丹花纹。牡丹花开盖世，色绝天下，是“百花之王”，代表“富贵”和“荣誉”，与“福”“寿”一起组成“幸福吉祥、长寿富贵”的美好寓意。

清雍正青花“福寿康宁”纹炉

口径20.5厘米，高10厘米。唇口，束颈，圆腹，平底。胎质坚硬，胎色洁白。器身题青花“福寿康宁”四字，以青花菊花纹相隔。

清雍正青花缠枝牡丹纹喜字罐

口径13.5厘米，高35.8厘米，腹径26.7厘米。直口，短颈，丰肩，圆腹下渐收，圈足微外撇。胎质坚硬，胎色洁白。器颈部绘花卉纹一周，肩颈处以回纹相隔，腹部满绘青花缠枝牡丹，四个喜字两两对称分布于牡丹花中。缠枝牡丹色泽淡雅，喜字色泽浓烈，格外突出。民间以牡丹作为富贵吉祥的象征，寓意繁荣昌盛，与喜字结合更有吉祥喜庆、生活美好之祝愿。

清“吉祥”龙纹青玉佩

直径5.7厘米。玉料青白色。圆形片状，对称透雕。中心为一展翅的蝙蝠，上下篆刻“吉”“祥”二字，两侧对称透雕双龙戏珠纹。《说文解字》载：“龙，鳞虫之长，能幽能明，能细能巨，能短能长；春分而登天，秋分而潜渊。”因此，古人常用无所不能的龙来祈求祥瑞，表达了人们对超越自我的向往。

清青玉“如意”锁

宽8.2厘米。如意锁形。纹饰对称，镂雕蝙蝠、花卉纹及“如意”二字。“蝠”与“福”谐音，在中国传统装饰艺术中，蝙蝠的形象被当作幸福的象征，并将蝙蝠飞临，结合成“进福”之寓意，希望幸福会像蝙蝠那样自天而降。蝙蝠与花卉纹、如意纹结合在一起，象征吉祥有福、花团锦簇的美好愿景。

清嘉庆铜胎掐丝珐琅寿字纹碗

口径9.9厘米，高5.7厘米。圆形，敞口，圈足。胎镀金，腹部浑圆略鼓，外壁施宝蓝色珐琅釉为地，分上下两层掐丝做各种篆书“寿”字四十个，口沿及近足处掐丝做连体万字纹各一周，蓝色和金色相配，颇显尊贵之气。底錾阴纹“大清嘉庆年制”隶书款。寿字纹是古代中国传统纹饰之一，寓意福寿绵长、寿与天齐、有福有寿、福寿安康。

福禄寿银杯碟

杯口径6厘米，高9.5厘米；碟直径11厘米。杯碟制作于1890年。杯型如马克杯，直口，圆唇卷边，直壁，近底略内收，平底。杯内素面，外部通体錾刻，纽珠纹饰作地，满饰浮雕梅兰竹菊花草图案，其间三块留白处分别浮雕“福”“禄”“寿”文字。杯身一侧焊接一反S形细握把，两侧錾刻连珠纹。托碟浅盘形，中心下凹，与杯底契合，碟内面錾刻纹饰，内容和样式与杯身对应相同。该杯碟组合中西合璧，体现了吉祥文化的生命活力和与时俱进。

福字银小元宝

大者长3.5厘米，宽2厘米，高2厘米；小者长2.8厘米，宽1.5厘米，高1.4厘米。银元宝即银锭，本为熔铸成锭的白银，是用以交易、纳税的贵金属货币。因其价值高，又美观闪亮，常被用作礼品，进而被赋予了富贵、吉祥的文化含义。两件元宝中心戳印阳文“福”字，呈凸形，阳文字体工整美观。为迎合市场需求，银楼特地制售了带有吉语的小银元宝，作为供贺寿、婚庆等使用的礼品。

葉大善士棣華八秩壽誕
今歲九月四日我
葉大善士棣華先生八秩弧辰戚里朋簪咸謀所以爲先生
壽者
先生聞而固固辭且曰吾受賢士大夫之諈諉董理普育堂
十年矣窮民無告環而待哺者恒五百餘人米薪日以昂籌
捐日以艱岌岌焉恒懼不給吾憂莫釋也欲卸吾責而不得
也吾何敢言壽 葆光 等竊以
先生好善之誠奉職之摯世俗浮文無所用之莫若移屏幛
筐篚之資贊助善舉逕送普育堂藉代鞠[illegible]語曰仁者壽荀
子曰美意延年以是爲
先生壽不亦可乎凡與
先生有雅故者願垂鑒焉

李邦猷 沈兆涵 周文彬 鍾浩志 張慶桂 臧清揚
姚天來 莫錫綸 劉志濤 顧履桂 姚元焌 周文熾
顧　言 姚文棣 劉增祥 沈　周 楊　逸 吳炳熊
楊葆光 李祖錫 姚文枬 郭廷鈐 淩紀椿 潘俊麟
謝錫祉 謝恩捷 劉汝曾 梅豫棖 朱日宣 祁祖彝
鄭嘉榮 李鍾玨 汪錫增 王　震 夏紹庭 趙鴻藻
嚴應鈞 陸文麓 謝源深 穆湘瑤 毛經疇 王樹功
艾恒鎮 李鴻遇 葉　遶 瞿慶善 徐志淦 蔡增譽

謹啟

祝寿启

长32厘米，宽24厘米，淡红色纸，竖排印刷字，为当时众人向叶棣华祝贺八十岁生日的贺词，意在显扬寿星的德行，表达大家的敬爱之心，也对所赠贺礼做了说明。文字为：

叶大善士棣华八秩寿诞
今岁九月四日，我叶大善士棣华先生八秩弧辰，戚里朋簪咸谋所以为先生寿者。
先生闻而固固辞，且曰："吾受贤士大夫之诿诿，董理普育堂十年矣，穷民无告、环而待哺者恒五百余人，米薪日以昂，筹捐日以艰，岌岌焉恒惧不给，吾忧莫释也。欲卸吾责而不得也，吾何敢言寿？"
葆光等窃以先生好善之诚、奉职之挚，世俗浮文无所用之，莫若移屏幛筐篚之资，赞助善举，迳送普育堂，藉代鞠跽。《语》曰："仁者寿"。《荀子》曰："美意延年"。以是为先生寿，不亦可乎？
凡与先生有雅故者，愿垂鉴焉。

晚清时期，上海慈善团在蓬莱路学前街口办有旧式善堂"普育堂"。1911年，陆伯鸿等筹款另建"新普育堂"。几经沿革，现为上海市儿童福利院。

银刻“延年益寿”梅花形隔盘

口径9厘米，高2厘米，两件相同。隔盘圆唇卷边，口沿呈圆花瓣形，等分为六瓣，弧壁内收，浅盘平底，矮圈足。两处相对的花瓣凹口处贯通盘心有一反S形中隔，将盘内等分为二。盘底右半为美术字“延年”，左半为“益寿”，是先用刀刻边框轮廓，再于其内满錾细花。盘外观如一朵盛开的梅花，美观别致，结合白银之色，颇有梅花傲雪之意，又与海棠式碗（多曲长杯）有异曲同工之妙。中隔造型与太极图相似，所刻“延年益寿”吉语，皆寄寓了养生长寿的美好祝福。

Chapter two

第二章

吉祥一生

人生旅程中的福禄寿喜

吉者福善之事，祥者嘉庆之征。出生、求学、成家、立业……漫漫人生之路，质朴的愿望与动植物相结合，成为与我们相伴一生的『福禄寿喜』，千百年来始终表达着人们对幸福美满人生的热爱与追寻。

福字添来喜冲冲，福缘善结庆开初。

1 太平有“象”

“太平有象”即天下太平、五谷丰登之意。“瓶”与“平”同音，大象体型高大，四肢着地稳如泰山，故常用大象驮宝瓶组成吉祥图案，形容海晏河清、民康物阜，也期冀吉祥一生始于太平盛世。

亚洲象

象

象是陆地上现存最大的哺乳动物，属于长鼻目象科，现存非洲象和亚洲象两种。我国云南有亚洲象分布，它们主要栖息于丛林和河谷地带，以野果、野草、嫩竹等植物为食，通常以家族形式群居，雄象独居。在我国，亚洲象曾经广泛分布于中原及以南地区，在商代较为常见，但因气候、栖息地丧失等原因，现在仅存于云南西双版纳的热带雨林中。

圆雕白玉大象

长19.5厘米,高11.2厘米。玉料白色,圆雕一躯体肥壮的大象,作回首后视状。大象小眼、大耳、长牙,长鼻内卷向后外翻,四肢粗壮,尾甩向一侧,以阴线刻出皮肤的褶皱,生动逼真。象背驮一毯,上阴刻卷云纹、几何纹。远观大象肃穆敦厚,近看则憨态可掬。象,瑞兽,厚重稳行,能驮宝瓶,故有"太平有象""喜象升平"之说,寓意河清海晏、民康物阜。陆游曾赋诗曰:"太平有象无人识,南陌东阡捣麦香。"象已然成为吉祥、喜庆的祥瑞象征。

清铁梨木柄浮雕太平有象三镶青玉如意

长44.5厘米。铁梨木柄端首曲起呈灵芝形,鼓背。玉片青白色,各镶在头、背、尾三处。头部玉片呈椭圆形,琢大象背驮木桶,内植万年青;背部玉片呈长方形,琢一麒麟昂首立于山石之上,衬以祥云;尾部玉片呈椭圆形,琢海马飞腾于海浪之上。大象、麒麟、海马皆为瑞兽。宋人吴曾《能改斋漫录》引自《音义指归》说:"如意者,古之爪杖也。或骨角竹木削作人手指爪,柄可长三尺许。或脊有痒,手所不到,用以搔爪,如人之意。"太平有象三镶如意,寓意天下太平、吉祥如意。

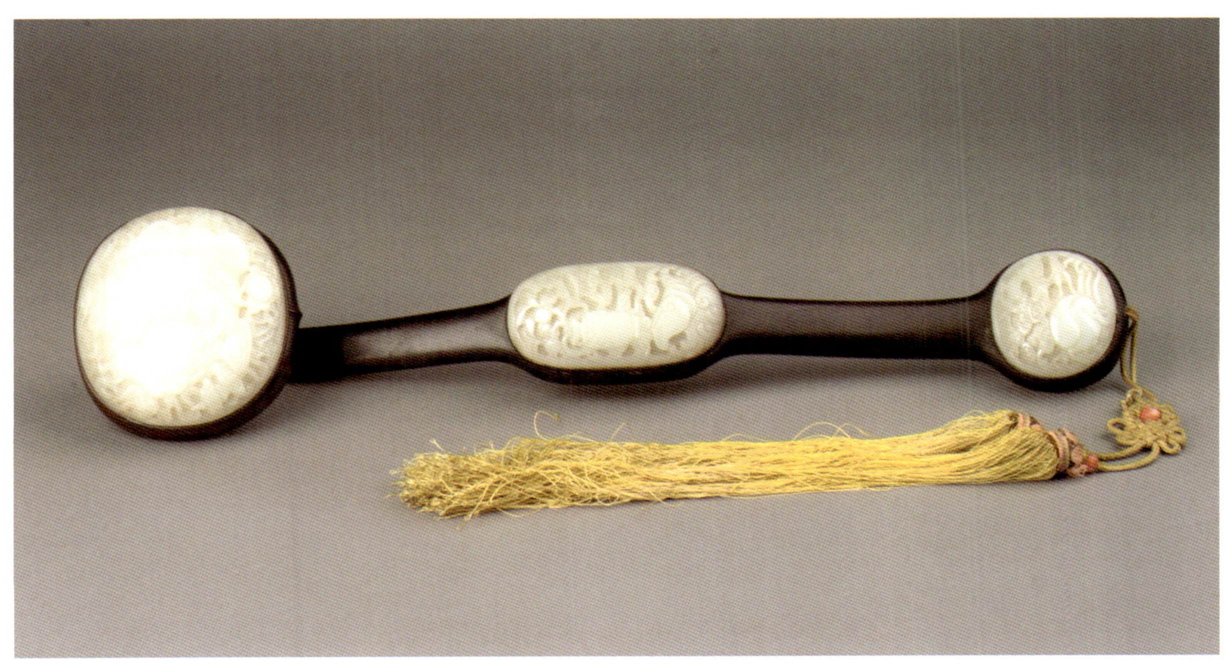

紫檀柄镶玉太平有象如意

长48厘米。紫檀木制。端首曲起灵芝形，镶椭圆形青玉，浮雕象驮宝瓶及八宝纹；中部镶青玉，浮雕法螺、宝瓶、蝙蝠等；尾镶青玉，浮雕太极图及海水。如意背面雕蝙蝠及云纹。太平有象三镶如意作为宫廷陈设用品，表达了为民祈福、天下太平的吉祥寓意。

2 洪“蝠”齐天

“蝠”谐音“福”，因而吉祥图案中常以“蝠”代“福”。在中国传统文化中，蝙蝠意味着“遍福”，寓意福运，蝙蝠的飞临象征着“进福”。虽然在现代文化语境中，蝙蝠的含义有所改变，但传统观念里更看重的是其谐音寓意，将蝙蝠认作能带来福气好运的吉祥物。

东亚伏翼

中华菊头蝠

毛翼管鼻蝠

蝙蝠

蝙蝠是翼手目动物的俗称，全球广泛分布，以热带、温带及低海拔地区为多，栖息于山洞、岩缝、建筑结构等隐蔽环境。蝙蝠具有骨质轻、前肢特化、生有翼膜等适应飞行的形态特征，是唯一真正具有飞翔能力的哺乳动物。其大部分具有夜行性，依靠回声定位来飞行和捕食，部分具有冬眠或迁徙的习性。

清光绪粉彩洪福齐天纹盘

口径34厘米，高5厘米。敞口，浅腹，圈足。胎质坚硬细腻，胎色洁白。器内外通绘粉彩云蝠纹，红色蝙蝠飞翔于祥云之中。底书红彩“大清光绪年制”楷书款。红色蝙蝠谐音“洪福”，在器体上绘满飞舞云间的红蝠，象征洪福之高与天等齐，寓意洪福齐天。

清光绪粉彩洪福齐天纹赏瓶

腹径22厘米，高38厘米。撇口，细长颈，球形腹，圈足。胎质坚硬细腻，胎色洁白。口沿绘黄地粉彩如意纹一周；器身满绘粉彩云蝠纹，红色蝙蝠飞翔于祥云之中；肩颈部绘寿字莲纹，以金彩弦纹相隔，金色寿字置于莲花之上，构图繁密，纹饰精细，色彩明丽。底书红彩“大清光绪年制”楷书款。

清乾隆青花釉里红洪福齐天纹花口盘

直径29.8厘米，高6厘米。花口，折沿，浅腹，圈足。胎质坚硬，胎色洁白。器内绘青花釉里红云蝠纹，红色蝙蝠飞翔于祥云之中。底书青花“大清乾隆年制”篆书款。

清道光粉彩福到眼前纹杯

口径6.1厘米，高3.8厘米。花口，深腹，圈足。胎质坚硬细腻，胎体轻薄，胎色洁白。器外壁分别绘两组福到眼前纹及两组粉彩花卉寿字纹，红彩变形寿字对称置于花卉之上。蝙蝠前面置有古钱，蝠与“福”同音；钱与“前”同音；孔寓眼，意即眼前。组合到一起，寓意福到眼前，是一种美好的祝福。

清福在眼前纹玛瑙烟壶

宽5.8厘米，高6.5厘米，厚3.2厘米。器扁圆形，小口，短直颈，溜肩，底为平足。一面浅浮雕五只翩翩飞舞的蝙蝠，另一面雕五只蝙蝠环绕在一方孔铜钱周围，寓意“福在眼前”。

3 三“羊”开泰

三阳开泰，最早出自《易经》，“三阳”即为三个阳卦。“阳”“羊”同音，古时羊即为阳；“泰”是卦名，表示冬去春来，阴消阳长，有吉亨之象。三阳开泰则意味邪佞祛除，好运开启，福气接踵而来。

山羊

岩羊

羊

羊是牛科羊亚科动物的统称，包括山羊、绵羊、盘羊、岩羊等。羊是中型食草动物，通常雌雄都有1对会终身生长的角，集群活动。绵羊和山羊是我国最主要的家羊，其驯化均可追溯至10000多年前。绵羊在近东地区被驯化，在约5000～7000年前扩散到蒙古高原地区，约3000～5000年前随游牧民族进入黄河流域中上游地区。我国山羊的祖先来自伊朗，可能从6000～7000年前开始扩散，经上千年至黄河流域，陕西石峁出土的3900年前的家山羊骨骼是目前最早的家山羊标本。

清三阳开泰青玉摆件

高4.6厘米。玉色淡青，圆雕三只羊，两大一小。大羊口吐祥云，云中有太极图。三只羊在一起，母羊护子，子羊依母，慈爱祥和。“羊”与“阳”谐音，“三阳开泰”源自《易经》，正月为泰卦，三阳生于下，冬去春来，阴消阳长，有吉亨兴盛之象，故称三阳开泰。“三阳开泰”寄予了民间对吉祥如意的向往，象征着吉祥亨通、万象更新。

明三阳开泰玉铊尾

长9.6厘米，宽5.5厘米。玉料淡青。铊尾由两件弧形首扁方形玉板组成，通体镂空，主纹饰为三羊，衬以山石、松树等。此物为革带首末两端的装饰玉板，首尾两扁方形玉板纹饰相同。“三阳开泰”用于岁首吉祥祝福，有好运即将降临之意。

鹿叼灵芝口内含，鱼跃龙门冠上冠。
禄星笑道将欲何，喜报三元鳌头占。

1 群雄逐“鹿”

群雄逐鹿，原指各派势力争夺最高统治地位，以鹿象征权力与地位。唐宋以来，汉族人民借“鹿”与“禄”谐音，以表达福禄常在、官运亨通。鹿纹成为禄文化的经典符号，常用于书斋、玉器等的装饰，取读书祈禄之意。如一百只鹿可表示受天百禄，称“百鹿图”“多禄图”，以祈愿学业、官运通达。佛教中的鹿则往往是正义、善良与吉祥的化身。莫高窟第257窟北魏时期的壁画中，就讲述了九色鹿王的故事。

梅花鹿

鹿

鹿是偶蹄目鹿科食草动物的统称。不同种类的鹿体型差异很大，通常雄性有1对实心角，雌性或无角。发育完全的鹿角有分叉，叉数会随年岁增长而增多。鹿角一般每年脱换。鹿主要栖息于山地丘陵、草原和森林边缘，多群居。鹿类曾在我国广泛分布，中原地区以梅花鹿、麋鹿为主。如今受气候、环境及人类活动影响，中原地区鹿几乎绝迹。

明双鹿纹白玉带

长5.6厘米，宽3.7厘米。玉料白色。整器为长方形片状，单面镂雕松竹下双鹿图案。画面中松叶茂密，松荫之下一鹿俯首食草，另一鹿遥望远方，雕琢的山石、松枝、竹叶，体现山林野趣，具有“秋山玉”的典型特征。背面有三对蚁鼻穿。

元秋山纹玉带

长6.1厘米，宽4厘米。玉料白色。器呈长扁形，通体镂空。图案多层透雕，主题为两鹿，衬以山石、花朵纹。辽金元时期的“秋山玉”，具有鲜明的民族特色，表现的是女真族秋季狩猎、射虎哨鹿的情景，题材多为山石、柞树，有的虎鹿并存，有的双鹿为伴，最常见的还是山林群鹿图。在雕琢手法上采用多层透雕，常留玉皮巧作秋色。到元代，“秋山玉”逐渐衍变为福鹿图案，其影响一直延续到明清。此器以双鹿为主题，以山林为背景，画面淳朴自然，意境清幽雅趣，描绘出山林野外一派秋高气爽的景象，具有鲜明的时代风格和艺术特色。

元鹤鹿纹玉炉顶

长2.7厘米，高3.1厘米。玉色青白，局部有褐色沁。器为多层镂雕而成。柞树下，一只鹿和一只仙鹤回首对望。鹿的四条腿采用重刀镂雕，鹤身用短直阴刻线表示毛发。平底，底部有两组对穿孔。鹤为羽族之长，被称为“一品鸟”，地位仅次于凤凰，更被称作长寿仙禽，《相鹤经》中称其“寿不可量”。鹿也是长寿仙兽，相传其寿可达两千年以上，“鹿”还谐音“禄”，表示福气和俸禄。“鹤”与“鹿”组成“鹤鹿同春”，寓意健康长寿、永享天年。“炉顶”即香炉盖上的捉手，这种器物一般底部平齐，上部隆起，多采用管钻镂空或多层镂雕的技法。

清青玉子母卧鹿

长5.2厘米，宽4.7厘米，高3厘米。玉色青白。玉圆雕大小双鹿，头尾相向而卧，小鹿紧偎大鹿。在古人心目中，鹿是一种瑞兽，有祥瑞之兆。双鹿题材的器物出现于清早期。《诗经·小雅·鹿鸣》载：“呦呦鹿鸣，食野之苹。”两只鹿欢快地聚在一起，发出“呦呦”的叫声，气氛和谐亲密。

清双鹿白玉坠

长5.2厘米。玉料白色。玉坠圆雕一大一小双鹿，呈卧姿，大鹿回首与小鹿相望，口衔折枝花卉。鹿与禄同音，且鹿性温驯，形态秀美，故得人们钟爱。传说中鹿常与寿仙为伴，或为仙人坐骑。鹿在儒道释三种文化以及古代民间信仰中，都是人们心中的灵兽，是美好愿望的象征。双鹿寓意“路路顺利”。

清受天百禄白玉牌

长5.5厘米。玉牌牌首呈如意云头状，中有穿孔，饰以祥云。牌身四边出棱，牌尾装饰如意云纹，造型规整考究，玲珑秀美。玉质凝若琼脂，触手细润。牌身正面饰以瑞兽百禄，百禄回首仰望，首似鹿，角似羊，身披鬃鬣，造型奇骏，口吐祥云，神情肃穆。背面刻"受天百禄"四字。"受天百禄"出自《诗经·小雅·天保》，"天保定尔，俾尔戬穀。罄无不宜，受天百禄。降尔遐福，维日不足"，意为上天庇佑，可保佑平安、福禄吉祥。

唐鎏金芝鹿纹三足银盘

口径50厘米，通高10厘米。银质，花纹鎏金，六瓣菱花形。敞口，宽折沿，浅腹，平底，卷叶形三足。盘中饰一凸起的梅花鹿，鹿头顶肉芝，昂首挺立，四足前后错落，短尾上翘。盘沿为六瓣，每瓣内均饰一组图案相同的花卉。银盘造型优美，器型硕大，制作精良，极具盛唐之风韵。因“鹿”通“禄”，寓意着俸禄和富贵，灵芝则寓意长寿，所以此盘纹饰具有福禄长寿的吉祥寓意。

2 “鱼”跃龙门

古代传说鱼跳过龙门，就能变化成龙。因此鱼跃龙门，比喻学业有为、事业成功或地位高升。鲤鱼作为富足的吉祥物，寄托了人们渴望质变飞跃、平步青云的美好愿望，成为美好前途和幸运的象征。

鲤

鲤是鲤形目鲤科鲤属鱼类。体侧扁，呈纺锤形。背部隆起，腹缘呈浅弧形。须2对，吻须较短，颌须较长。鲤鱼多生活在开阔水域的中下层，杂食性，适应性强，生长速度快，在接近河口的盐分较高水域也能生存。鲤鱼在我国广泛分布，是我国北方重要的淡水经济鱼类。鲤鱼的体色随环境变化而有较大差异，一般背部黑色至黄褐色，腹部色浅，体侧有金黄色光泽。锦鲤为鲤鱼的一个变种，主要色彩包括红、橙、黄、黑、白、蓝。

清双鱼纹玉洗

长19.5厘米，宽15.4厘米，高2.5厘米。玉料青色。洗呈四曲花式口，浅直腹，浅圈足。内底雕饰两条相向环绕畅游的小鱼，鱼身饱满立体。玉洗注水后，鱼尾翻出水面，鱼身潜入水中，好似鱼儿在水中嬉戏，平添了不少雅趣。“鱼”与“余”谐音，寓意年年有余。

清寿山福海纹玉磬

长16.7厘米，宽7.5厘米，厚0.7厘米。玉色暗绿带黑色星点。纹饰采用去地手法琢制而成，一面雕饰有海涛、桃枝、桃实、蝙蝠、山石，寓意“寿山福海”，即福气像东海一样浩大，寿命如终南山一般长久。另一面由海水、亭台、仙鹤、祥云组成“海屋添筹”的画面。传说海中有一楼，内贮世间诸人的寿数，用筹插在瓶中，如果令仙鹤衔一筹添入瓶中，便可多活百年。故“海屋添筹”多为祝贺寿辰时常用的贺词。磬为古代的打击乐器，此器下部折角处镂雕海水鱼纹。“磬”谐音“庆”，“鱼”谐音“余”，构成了“吉庆有余”的美好寓意。此器充分体现了清代玉器“图必有意，意必吉祥”的装饰风格。

双鱼剪纸

宽约8厘米，高约8.5厘米。两件剪纸图案相同，红色。双鱼呈侧视，对称，腹面相对，在头、胸鳍、腹鳍、尾鳍处相接。鱼身剪镂出月牙形，表现鱼鳞；鱼嘴上接水草，下有一对须，表现鲤鱼形象；但背鳍的特征则更接近鳜鱼。双鲤典故最早出自汉乐府“客从远方来，遗我双鲤鱼”。古时多以鲤鱼形状的函套藏书信，因此双鲤鱼即作为书信的雅称。另有最早出现于汉代的双鱼壶，可能是作为酒器使用，白居易有诗“篱下先生时得醉，瓮间吏部暂偷闲。何如家酝双鱼榼，雪夜花时长在前”的描写。在佛教八宝中，双鱼代表佛的双目，寓意智慧；鱼游于水则喻示超越世间、自由豁达，又引申出复苏、永生、再生等意。

鱼剪纸

长10厘米，高7厘米。淡黄色纸。须、鳍、尾等特征都与鲤鱼相合，较为写实；鱼身以细密针状图案巧妙地表现鱼鳞的排列和纹理。整体造型如正悠游水中，轻甩鱼尾调整方向，具有动感。剪纸以观者视角，呈斜上方往下看，如同立于池边观赏，饶有意趣。

3 “马”上封“猴”

“马上”为立刻之意，“猴”与“侯”同音双关，猴子骑在马上，寓意功名指日可待。最初印度有用猴子管理饲养马类的习俗，而猴与马联结的概念传入中国后，因谐音而转变为“马上封侯”这一吉祥寓意。“马上封侯”的图案由骏马、猴子组成，有时也因“蜂”与“封”谐音而加上蜜蜂。一只小猴骑在一只大猴背上的图案，则寓意“辈辈封侯”。

马

马是奇蹄目马科马属的食草动物，现存的野马只有分布于中国的普氏野马，其他均已灭绝。马颈长而侧扁，前额的额毛较长，颈背具鬃毛，尾毛长超过后腿中部。我国在新石器时代就有驯养马。家马在农业生产、交通运输、军事警务、运动娱乐等方面起到重要作用，也可供肉用、乳用。

川金丝猴

猕猴

猴

从比较严格的物种分类来说，猴是灵长目所有猴科动物的统称，包括猕猴、金丝猴、叶猴、狒狒等物种。灵长目下共有16个科，除了猴科和人科以外，还有狐猴科、懒猴科、眼镜猴科、指猴科等门类，这些名字里带有"猴"字的物种也可以被宽泛地称为"猴子"。猕猴是最为中国人熟知的灵长类动物，数量较多，在黄河以南广泛分布，其形象在远古时期便出现在各种绘画、雕塑、器皿和文字记载中。

清代代封侯白玉牌

长6.4厘米，宽5.7厘米。牌呈椭圆形，雕几何纹边框。正面雕猴骑袋上，回首望蜜蜂。背面浮雕行书“福”字。从汉唐开始，传统民俗中常以猴作为吉祥、显贵、驱邪纳福的象征。猴子骑袋上，取“代代封侯”之意，寓意辈辈封王侯，世代为官。

清马上封侯玉带钩

长10.5厘米。玉料淡青。钩首雕马首，长目、巨鼻、大口，前额正中为圆形褐色肉髻；钩体透雕两猴攀行于桃枝上。整体镂雕巧作，结构布局合理，马、猴子灵动纤巧，树枝花叶纹理流畅。猴子骑于马上，“马上”为即刻之意，运用“猴”与“侯”同音和隐喻手法，表达马上封侯拜将之美好愿望。

清马上封侯玉带扣

长10.5厘米，宽7厘米。玉料青白色。浮雕回首卧马，马背上伏一猴。背有两扁圆形纽。北魏贾思勰的《齐民要术》中说："常系猕猴于马坊，令马不畏，辟恶，消百病也。"可见，古人认为畜猴能避马病，常把它们养在一起。后世因"猴"与"侯"谐音，逐渐衍变成马上封侯的吉祥寓意。

清马上封侯青玉带饰

长8.45厘米。玉料青灰色，有褐色瑕斑。玉马呈卧姿，体态健硕，四肢有力，鬃毛刻画细致，尾部巧雕灵猴攀爬于马背，玉马回首相望，意趣横生，造型生动。整器利用"猴"与"侯"谐音，寄托了封侯拜相的美好愿望。

清马上封侯青玉带扣

长8.5厘米，宽5.7厘米。料青白色。带扣雕回首卧马，马背上伏一猴，背有两扁圆形纽。侯为中国古代五等贵族爵位的第二级，这里泛指达官显贵。纹饰主要以马、猴组成，运用同音和隐喻寓意功名指日可待，好运将至。

清马上封侯青玉坠

长4.7厘米，高2.7厘米。玉色青白，玉质莹润。玉坠造型精巧，线条流畅，采用圆雕技法琢制而成。一匹烈马四肢跪卧、回首张望在其背上玩耍的顽猴，寓意“马上封侯”。

“冠”上加“冠”

“冠”与“官”谐音，因此“冠”上加“冠”寓意“官”上加“官”，图案常由带冠的雄鸡与鸡冠花相配组成，以祝步步高升。中国古代往往将颜色艳丽的鸡通称为“锦鸡”，因此传统绘画中的锦鸡包括了自然界中的公鸡、锦鸡、雉鸡等品种。此外，锦鸡华丽的羽毛让人联想到象征权力和荣耀的凤凰，因而常取音“锦”和牡丹花搭配，构成“前程似锦”“锦上添花”等吉祥图案。

家鸡

红原鸡

鸡

鸡可指鸡形目中的一种鸟类，通常用以指代一类大型家养雉类。其喙短健，适于啄食；爪有四趾，强健适跑。鸡形目的成鸟大多雌雄异色，雄者通常羽色艳丽。鸡形目在全球广泛分布。我国鸡形目种类众多，约占世界总数的五分之一。我国自古就以鸡类为狩猎及驯化对象。世界各国不同品种的家鸡均由野生原鸡驯化而来，它是重要的肉、蛋类食物来源。

清雍正粉彩锦鸡牡丹纹观音樽

高25.1厘米。直口，短颈，丰肩，圆腹下渐收，圈足为外撇。胎质坚硬细腻，胎色洁白。器身绘粉彩锦鸡牡丹纹，一只锦鸡昂首立于洞石之上，另一只锦鸡立于牡丹花下。整体构图严谨，色彩明艳，锦鸡形象栩栩如生，盛开的牡丹娇艳欲滴，尽显雍容华贵。牡丹又名富贵花，花下绘有锦鸡，寓意“锦上添花”，有富贵吉祥之意。

清粉彩官上加官纹帽筒

腹径10.5厘米，高24厘米。器呈圆柱形，中空，直口。左右对称雕有两个海棠花式镂孔，这是为了便于散去帽里的汗气，同时也可用于熏香除臭。器身以粉彩绘公鸡和鸡冠花。鸡冠花与公鸡皆有“冠”，“冠”与“官”谐音，故此图案为“官上加官”，寓意官运亨通、连连升迁。帽筒为放置帽子的器皿。这种圆柱形的帽筒，在清嘉庆时开始出现，随后各朝官民窑皆有生产，到民国时期广泛流传使用，大都成对烧制。

清乾隆粉彩开光锦鸡牡丹纹鼻烟壶

高5.5厘米。撇口，短颈，扁圆腹，椭圆形平底微内凹。胎质坚硬致密，胎色洁白。器口沿饰金彩，器身两侧凸饰密密麻麻的乳钉状纹，器前、后腹两开光内绘粉彩花鸟纹。底书“乾隆年制”青花楷书款。此件鼻烟壶构图严谨，运笔流畅，用锦鸡、花卉、洞石寓意吉祥富贵。

喜花儿掐来插满头，喜酒斟来瓯儿瓯。
喜鸟落在房檐上，喜事来迎身穿大红。

1 破茧成“蝶”

毛毛虫破茧后就成了美丽的蝴蝶。蝴蝶以其身美、形美、色美、意美被人们所喜爱，梁山伯与祝英台双双化蝶的传说又给人们增添了浪漫的想象，因此蝴蝶成为自由与爱情的象征。多只不同种类、颜色的蝴蝶搭配各色花卉组成的花卉蝴蝶纹，有“蝶恋花”之意，寓意爱情甜蜜与幸福。蝴蝶、瓜配以花卉组成的瓜瓞绵绵纹样，则寓意子孙昌盛、繁衍不息、事业兴旺。

亮灰蝶

中华虎凤蝶

斐豹蛱蝶

蝴蝶

蝴蝶是节肢动物门、昆虫纲、鳞翅目、锤角亚目动物的统称。它们体型差异较大，但身体结构相同，分为头、胸、腹三部分，拥有两对翅和三对足。一种流传比较久远的说法是，蝴蝶喜欢偷吃奶油和牛奶，人们把它说成是长着彩色翅膀、喜欢偷吃奶油的精灵，因此蝴蝶的英文名为butterfly。蝴蝶随着作为其食物的显花植物的繁荣而演变得多姿多彩，现今全球已知的蝴蝶种类有20000余种，在我国分布的蝴蝶已超过2000种。

清乾隆青花釉里红花蝶纹盘

口径30.2厘米，高4.6厘米。菱花口，折沿，浅腹，圈足。胎质坚硬细腻，胎色洁白。器内满绘青花釉里红花蝶纹，底书青花“大清乾隆年制”篆书款。明清器物装饰中常带有蝴蝶图案，以祈求吉愿。蝴蝶多与花卉组成主题纹饰，表现蝶恋花的意境，习称花蝶纹。因“蝶”与“耋”同音，亦带有长寿寓意。此外，蝴蝶还是婚姻美满与恒久爱情的象征。

清瓜蝶纹玉坠

长4.4厘米，宽1.7厘米。玉色青白，玉质莹润。器呈扁平状，双面都浮雕有图案，一面上部雕两只饱满的瓜果，下部雕一只栩栩如生的蝴蝶，另一面则雕饰垂下来的瓜蔓，线条流畅简洁。瓜多子，大者曰瓜，小者曰瓞，瓜蔓丝丝缕缕、连绵不断；蝶也多子，既谐音“耋”，又与“瓞”同音，故此图案取意“瓜瓞绵绵”，象征多子多寿、万代长久。

清瓜瓞绵绵白玉佩

长6.1厘米，宽4厘米。玉料白色半透明，方形片状。器上部浮雕如意形云纹，中间有一钻孔，系粉色碧玺珠一粒，米珠数粒。正面“亚”字形开光内浮雕瓜、蝶；背面“亚”字形开光内浮雕双行竖读篆书“福寿绵绵”四字。“瓜瓞绵绵”出自《诗经·大雅·绵》：“绵绵瓜瓞，民之初生，自土沮漆。”瓜瓞，寓意子孙繁衍，相继不绝。“蝶”同“瓞”，即小瓜。瓜瓞绵绵寓意子孙昌盛，福寿绵延不绝。

道光粉彩蝴蝶小碗

口径11厘米，高6.5厘米。胎质细腻，白釉。小碗外壁绘粉彩蝴蝶纹。一侧有一黄色蝴蝶，从外形上看或为黄粉蝶亚科，正飞舞着欲停落在下方蓝色、红色的小花上；另一侧为一对黄褐色飞虫，形似草蛉。整器采用散点式构图法，多有留白，色调淡雅清新。蝴蝶、飞虫姿态生动，寓动于静，颇有庭院小景意趣。

靖边剪纸蝴蝶

蝴蝶翅展约12厘米。红色纸。剪纸生动地表现了展翅蝴蝶的形象，棒状触角、头、胸、腹清晰，后翅前缘基本被前翅覆盖，翅膀内侧为长条纹状图案，边缘为卷云形，整体较为写实。斑蝶、凤蝶、粉蝶等都有类似的花纹布局。靖边剪纸是陕西省榆林市靖边县的传统剪纸工艺，内容丰富，题材广泛，有山川风光、人物、花卉、虫鱼、鸟兽、戏曲故事、神话传说等，具有浓郁的乡土风味和观赏价值。

2 “喜”上“梅”梢

喜上眉梢是中国传统吉祥纹样之一。古人以喜鹊作为喜的象征，素有“灵鹊报喜”之说。梅开百花之先，是报春的花，又谐音“眉”字。画喜鹊站在梅花枝梢，即组成了“喜上梅梢”的吉祥图案，寓意喜事临门。此外，两只喜鹊相对而立，谓之“双喜临门”；双鹊中间加一枚古钱，则叫“喜在眼前”。

喜鹊

喜鹊是雀形目鸦科鹊属的鸟类，与人类伴生，分布广泛。杂食性，一般以动物性食物为主，动物性食物缺少时则以植物性食物为主。自唐时起，民间传说鹊能报喜，故称喜鹊。在民间，鸦科灰喜鹊属的灰喜鹊和蓝鹊属的红嘴蓝鹊也都被认为是喜鹊。

梅

梅是蔷薇科杏属的小乔木，原产于我国南方，在我国已有3000多年的栽培历史。其品种众多，现在我国各地均有栽培，但以长江流域以南各省为多。梅花优雅，傲雪凌寒，自古被文人墨客咏颂，赋予其高洁之品格。除了观赏用途，梅花还可提取精油；果实经盐渍或干制成的蜜饯是大家喜欢的零食，也可熏制成乌梅入药，有止咳、止泻、生津、止渴的功效。

清道光黄釉粉彩喜上眉梢纹帽筒

口径12厘米，高27.6厘米。胎质坚硬细腻，胎色洁白。器作圆筒形，口底相若，圈足。器身下半部有三条凹弦纹使其呈竹节状，近圈足处凸饰两周乳钉纹。器身通体施黄釉并雕饰喜鹊、梅花等纹饰，梅树主干虬曲苍劲，枝丫梅花累累，淡粉色的梅花芬芳吐艳，一只喜鹊落于枝头，眺望远方，一只喜鹊正向梅枝飞来，呈现喜上眉梢的美好意境。纹饰上施粉、绿、褐等色釉。

清乾隆青花喜鹊登枝纹八角盘

口径16.8厘米，高2.5厘米。平口，折沿，浅八棱形腹，圈足。胎质坚硬细腻，胎色洁白。器内绘青花喜鹊登枝纹，两只喜鹊立于枝头回首相望，像是诉说着好事将到。口沿绘青花回纹一周，器内外壁绘青花缠枝花卉纹。鹊上枝头又叫作喜鹊登枝，寓意着喜事来临、吉祥如意。

清乾隆青花喜鹊登梅纹盘

口径29.5厘米，高6.5厘米。敞口，浅腹，圈足，细砂底。盘内以青花绘四只形态各异的喜鹊落在开满朵朵梅花的树枝上，盘外壁绘两组竹纹。整器风格清秀淡雅。喜鹊为报喜之鸟，喜鹊登梅，即“喜上眉梢”。

清乾隆哥釉青花喜上眉梢纹笔筒

高14.6厘米，口径11.1厘米。器作圆筒形，口底相若，圈足。胎质坚硬细腻，胎色洁白。器身饰哥釉青花花鸟纹。图案为喜鹊登梅纹，遒劲的竹石上梅花芬芳吐艳，一只喜鹊伫立枝头，引颈唱鸣，诉报喜讯。底书青花“乾隆年制”楷书款。

镂空喜上眉梢银罐

腹径11厘米，通高10.5厘米。器身呈扁球形，器盖圆形，钮为模拟自然枝条状的细杆，与盖相连处向三个方向伸展出细长叶片，整器形如一个饱满成熟的柑橘类果子，可能是熏香炉。采用多维镂空工艺制作，器身錾刻图案，密布花、叶、枝，花朵为五瓣，叶为卵形。花枝上停落两只鸟，遥相对应，构图平衡而和谐。整器设计巧妙，制作精致，虚实相对，富有层次，生动地展现了喜鹊上梅梢的画面。

3 “鸳鸯”璧合

由于鸳鸯“止则相偶，飞则相双”的习性，自古以来，凡是和爱情有关的事情，人们都喜欢用鸳鸯来比喻，赋予其成双成对、幸福美满的含义，“鸳鸯戏水”更是民间常见的艺术题材。“鸳鸯璧合”图案一般以鸳鸯戏水为基本题材，描绘一对鸳鸯前后跟随或交颈相对，周围多饰以莲叶、莲花等，寓意夫妻恩爱、同偕到老，也暗含连生贵子的祝福。

鸳鸯

鸳鸯是雁形目鸭科鸳鸯属的鸟类，有主要分布于北美洲的林鸳鸯与主要分布于亚洲东部的鸳鸯两个种。主要分布于亚洲东部的鸳鸯雌雄异色，雄鸟羽色鲜艳华丽，头具羽冠，翅膀上有一对帆状饰羽；雌鸟羽色大多灰褐，头无羽冠，无帆状饰羽。每年从繁殖后期开始，雄鸟就会换上与雌鸟相似的黯淡羽毛，无羽冠与帆状饰羽，以便在不善飞行的换羽期躲避天敌。繁殖期的鸳鸯出双入对，因而被古人认为一夫一妻、陪伴终生，实则繁殖期过后，鸳鸯的夫妻关系就会自动解除。

清鸳鸯嬉荷纹玉佩

长6.4厘米，宽6.4厘米。玉色微青，玉质温润。器呈扁平状，半圆形，双面雕琢而成。上半部为随风摇曳的莲荷，线条流畅，姿态优美；下半部为一对水中嬉戏的鸳鸯，生动可爱，栩栩如生。“荷”与“和”谐音，象征和合如意；“荷”也称“莲”，莲藕连生，莲蓬多子，故“荷”也有多子的寓意。“鸳鸯”被古人称为“匹鸟”，鸳指雄鸟，鸯指雌鸟，形影不离，象征夫妻恩爱、和谐幸福。鸳鸯在荷池中顾盼游戏组成“鸳鸯嬉荷”，亦称“鸳鸯喜荷”，寓意夫妻生活和睦美满、多子多福。

民国红缎鸳鸯枕面

每件长78厘米，宽45厘米。绸缎质，大红色。枕面中心约占全长1/2的范围内绣有图案，有白、粉红、绿、黄等色。主体为鸳鸯戏水，两只鸳鸯面相对，身下道道涟漪，外围有水草。鸳鸯之间生长枝条，向上方和两侧舒展而成华盖状，缀以绿叶，尤为醒目的是两朵大花，重瓣、粉红色，明艳饱满，表现了“并蒂莲”的形象。主体画面上方左右角又各饰一只蝙蝠。鸳鸯、并蒂莲、蝙蝠，皆为喜庆吉祥纹样，用以装饰枕面，寄托了夫妻恩爱、连生贵子、家庭和谐、幸福美满的良好愿望。

4 "葫芦"蔓生

葫芦谐音"福禄"，且葫芦为多籽植物，藤蔓缠绕、盘曲久长，代表家族子孙繁衍、人丁兴旺。葫芦枝茎也叫作蔓带，谐音"万代"，因此也有葫芦万代的说法，表示"福禄万代"或"子孙万代"。

葫芦

葫芦是葫芦科葫芦属的攀缓草本植物，是人类最早驯化的植物之一，现在被广泛栽培于热带到温带地区。葫芦的果实被称为"瓠果"，内部包含大量种子；在幼嫩时，葫芦可作为蔬菜食用，随着成熟并逐渐木质化，多被作为容器或把玩件等。

清雍正青花福禄万代纹葫芦形瓶

高18厘米。器作葫芦形，小口，束腰，平底。胎质坚硬细腻，胎色洁白。通体青花装饰，口沿及近底处分别饰弦纹两道，器身满绘藤枝葫芦纹，藤蔓绵延，葫芦挂满枝头，有风中摇曳之感。葫芦为藤本植物，藤蔓绵延，结实累累，籽粒繁多，被视为祈求子孙万代的吉祥物。葫芦谐音“福禄”，数个葫芦绾满藤枝有福禄万代、喜福无边的寓意。

清童子葫芦青玉瓶

高7.3厘米，宽10厘米。玉料青色，为两童子拥扶葫芦形象。丰满的葫芦，茂盛的枝藤，葫芦颈部趴伏两只对望的蝙蝠，葫芦两侧各一位孩童，双手搬扶高大的葫芦。寓意福禄万代、子孙万代、世世荣昌。

清葫芦青玉洗

长13.2厘米，高3.4厘米。玉料青色。椭圆形器身，边沿内卷，浅腹。外壁用浮雕和镂雕技法，琢出葫芦藤叶及花朵，枝藤蔓卷，有“福禄寿”齐全、多子多福、繁茂吉祥之意。葫芦是道教八宝之首，也是道家的法器，铁拐李、南极仙翁、太上老君等都携带葫芦，寓意吉祥，祈福辟邪。

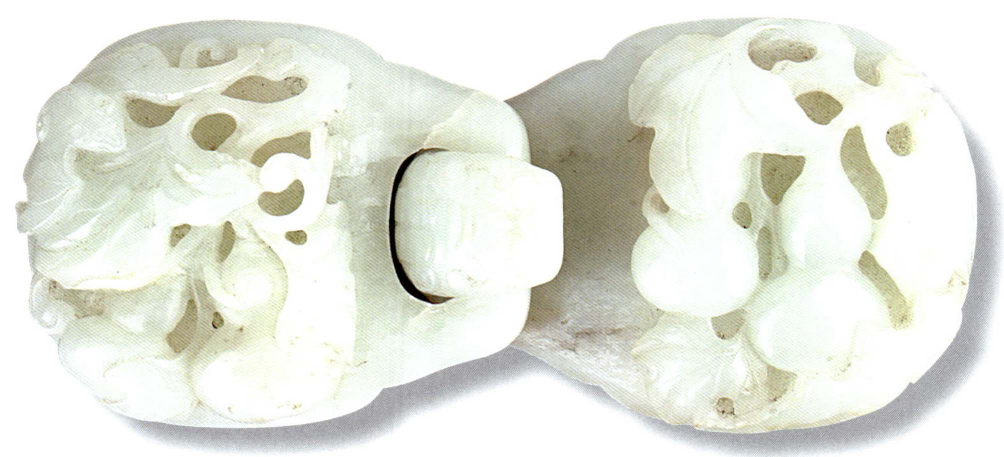

清龙首葫芦纹青玉带扣

长11.7厘米，宽5.2厘米。玉料青白色，有褐色瑕和绺纹。带扣一副两件，扣首为兽首，扣体浮雕蝙蝠葫芦纹，背微内凹，有扁圆形花纽。“蝙蝠”谐音“福”，“葫芦”寓意“福禄”，“兽”谐音“寿”，雕葫芦和小兽为福禄寿之寓意。在传统文化中，葫芦为仙家的丹药器皿，故而又有消灾祛病之意。

第四节　家宅兴旺——立业

招福纳祥如思默，花开富贵聚吾座。
虎跃龙腾入豪庭，宝地风水门庭若。

1 “花”开富贵

花开富贵中的“花”通常指牡丹。“唯有牡丹真国色，花开时节动京城。”长期以来，牡丹便享有“国色天香”“花中之王”的美誉。中国人把牡丹看作是和平幸福、富足圆满的象征。牡丹有王者之号，冠万花之首，驰四海之名，终且以富贵称之。

牡丹

牡丹是芍药科芍药属的落叶灌木，国内栽培很广，也已经引种到世界的其他国家。牡丹的根皮入中药，有镇痉、活血、化瘀的功效。约从南北朝开始，牡丹逐渐得到栽培观赏，直到唐朝，盛极一时。芍药属牡丹组有8个野生种，全部为我国特有。其中，滇牡丹、四川牡丹等原产横断山区到西藏东南部，凤丹、紫斑牡丹、矮牡丹等原产于我国东部。中国传统的牡丹品种便是由东部野生种经过杂交驯化而来的。

宋耀州窑“赵”字款缠枝牡丹纹盘

口径21.2厘米，高5.4厘米。敞口，弧腹，圈足。胎质坚硬细腻，胎色灰白。通体施青釉，釉面肥厚莹润，釉色青中微闪黄，并伴有开片，积釉处有气泡。内壁印卷叶纹一周，内底心模印四朵缠枝牡丹，花朵盛开，相互缠绕，花间刻有“赵”字款，器外壁划刻菊瓣纹。纹饰布局严谨，疏密有致，凹凸明显，立体感强，是宋代耀州窑的一件佳品。牡丹纹是瓷器装饰典型吉祥纹样之一。唐代人崇尚牡丹，金银器等常以牡丹纹为装饰题材。宋代人受其影响，视牡丹为富贵之花，瓷器上盛行牡丹纹饰。牡丹纹样在之后各时期久盛不衰，有大富大贵之寓意。

清道光粉彩花卉纹杯

口径6.5厘米，高3.5厘米。敞口，深腹，圈足。胎质坚硬细腻，胎体轻薄，胎色洁白。器外壁绘粉彩花卉纹，色彩清新淡雅．花卉雅致脱俗，给人一种闲情逸致之雅趣。

清康熙青花凤穿牡丹纹罐

腹径25.6厘米，高33.8厘米。直口，短颈，溜肩，上腹鼓，下腹渐收，二层台地外撇。胎质坚硬致密，胎色洁白，釉面光润细腻，釉色洁白。通体绘青花纹饰，外口沿处绘如意纹，肩部及近足处绘锦地纹，腹部绘凤穿牡丹纹，底部绘青花双圈。凤凰为鸟中之王，牡丹为花中之王，凤穿牡丹象征荣华富贵。

清光绪蓝地粉彩勾莲纹帽筒

口径11.8厘米，高29厘米。器作圆筒形，口底相若，圈足，腹部有镂空开光。胎质坚硬细腻，胎色洁白。器身自上而下绘粉彩如意纹、寿字纹、勾莲纹、八宝纹和变形莲瓣纹等，底书红彩“大清乾隆年制”篆书款。莲花、八宝都是典型的宗教纹样，有吉祥之寓意。

清咸丰粉彩花卉纹壁瓶

高22.2厘米。一面齐平，一面鼓起，半月形口，长颈，颈两侧贴塑对称螭耳，扁圆腹，连仿木釉器座。胎质坚硬细腻，胎色洁白。背后有孔，便于穿绳。器内施绿釉，器外壁绘黄地粉彩云蝠纹，开光内绘白地粉彩花卉纹，近底足处绘粉彩变形莲瓣纹，底印“大清乾隆年制”篆书款。壁瓶，为诸多瓶式的一种，以挂于壁面而名，又称“轿瓶”“挂瓶”，始见于明宣德朝。此套壁瓶所绘图案均为吉祥图案，悬挂以表吉祥之意。

2 “金鱼”满堂

金鱼带“金”字，“鱼”与“余”同音，与“玉”音近，因此金鱼被视为吉祥招财的象征。“金鱼”的发音近似“金玉”，因此人们用多条金鱼的组合构成“金玉满堂”的意象，象征勃勃生机与财富满盈。金鱼与荷花同绘时，还寓意“连年有余”“金玉同贺”。

金鱼

金鱼由野生鲫鱼人工选育、驯化而来，又称金鲫鱼，是鲤形目鲤科鲤属鱼类。野生鲫鱼的体型是长椭圆形且侧扁的，而家养金鱼的体形较短且两侧较圆凸。自然界中的鲫鱼体色为背灰腹白，而金鱼的色素细胞发生变异，产生许多鲜艳的颜色。金鱼性情温和，杂食偏肉食性。中国是最早驯化出金鱼的国家，从宋代起开辟鱼池饲养鲫鱼的变异品种红鲫（又称金鲫），并培育出了白色及黑白斑纹的品种；到了明朝，逐渐由池养转为盆养，并培育出了更多品种的金鱼。现代的杂交育种等技术更使得金鱼的品种不断增加，品种数量达300余种。

清道光粉彩鱼藻纹杯

口径6.3厘米，高3.1厘米。敞口，深腹，圈足。胎质坚硬细腻，胎体轻薄，胎色洁白。器外壁绘粉彩鱼藻纹，红色金鱼游弋于绿色水草之中，画面生动活泼，情趣盎然。鱼与“余”同音，意为“有余”。

民国仿乾隆粉彩金鱼水盂

器身5厘米见方，高6厘米。方形直口，圆唇，短颈，溜肩，腹部呈扁方盒形，高度约占整器一半，四棱与颈部四条脊线位置对应延续，足内收，方形平底。盂身一面绘有粉彩鱼藻图，左侧一条红色，右侧一红一黑，左右对望，皆悠游自得，煞是可爱。鱼周围有绿色水草，鱼身与水草相接处留白边过渡，准确表现透视关系，使画面既热闹又层次分明。另一面书写黑色文字“平池鱼乐，春江草新”，为图案的题记。水盂小巧别致，所绘图文与实用功能相呼应，更添会心妙趣。

清镶金嵌宝石藤手镯

直径6.8厘米。藤镯内镶金，外圈包裹藤。錾花工艺形成云纹、花朵纹，其间镶嵌翡翠、碧玺宝石。藤镯最初包金是为了连接及遮盖接口处缝隙，后逐渐衍变为更注重装饰效果。包金的錾刻和藤条的古朴相得益彰，装饰上各色宝石，雅致脱俗。蝙蝠衔环穿梭于花丛和云纹间，"云"意"绵延不断"，形似如意，寓意流云百福、幸福如意。

清荷鱼青玉摆件

高6厘米，长11厘米。玉料青色，有褐色瑕和绺纹。圆雕一鱼，首尾上翘，点缀荷花荷叶，鱼下为水波纹。鱼儿嬉戏于荷叶间，波纹舒卷，荷叶摇曳，生机盎然，呈现出一派鱼戏莲叶中的景象。荷叶、鲤鱼是最常见的吉祥图案，寓意生活富裕，祈盼"连年有余"。鱼、莲同为多子的生物，因而也寓意"多子多福"。

3 “虎虎”生威

老虎虎虎生威，矫健有力，气势磅礴。在民间文化中，老虎形象代表着吉祥，象征权势与富贵。虎也同“福”“富”音近，寓意富贵盈门、家宅兴旺。

东北虎

华南虎

虎

虎是大型猫科动物，属于豹属，仅有一种，大约有9个亚种。虎主要生活在山地森林，单独活动，具夜行性，喜水擅游，不善爬树，主要以野猪、马鹿、狍、麝等大中型哺乳动物为食。除产仔哺育时期外，一般无固定窝穴，在自然环境中可活10～20年。中国有分布的虎亚种为东北虎、华南虎、印度支那虎和孟加拉虎。虎曾在我国广泛分布，但由于栖息地大量丧失和人类捕杀等干扰而数量骤减，甚至趋于灭绝。

银饰虎头帽

展开长55厘米，宽30厘米。布面拼接，缀以银质饰件。传统文化中，虎象征着勇猛强悍和震慑力，戴上威武的虎头帽，儿童就与虎融为一个整体，获得了强健的生命力，远离邪魔病毒，健康成长，平安幸福。虎头帽寄托着人们对下一代的殷切关爱。不同地区虎头帽的样式特点也不尽相同。中原地区的虎文化最为发达，常用虎本身的黄色和大红大绿等对比鲜明、较为显眼的颜色作为主色，非常喜庆；北部和东北地区多用黑色、绿色和白色，风格粗犷敦实；江浙一带的刺绣业发达，虎头帽细腻、精巧、雅致、恬静，色彩层次比较丰富，制作更加逼真。

龙头虎形金簪插头

长10.2厘米，金质。簪整体细长，插头部略尖。簪首为一虎头鱼尾形，虎嘴大张，嘴中吐出斧钺，背部凸出一背鳍，尾鳍向两侧外撇。该兽应为螭吻或摩羯造型，寓意驱凶辟邪。簪身上沿着螭吻腹部下方有一珠形装饰，头部上方簪顶部为一三尖叉，整器形如一柄金斧，既有趋吉避凶之意，又谐音“福”“富”，寄托着美好愿望。

寿桃寿酒摆中央，寿比南山高万丈。
松菊延年龟鹤寿，彭祖寿道永安康。

“松”“鹤”同春

《淮南子·说林训》云：“鹤寿千岁，以极其游。”自古以来，鹤便是长寿的象征。松树长青，能屹立山崖数百年，也成为延年益寿的代表，贺寿时人们常用“寿比南山不老松”作为祝颂词。在传统绘画中，松树和鹤常常共同出现，构成松鹤同春的长寿寓意。

黄山松

松

松是松科松属植物的统称，它们是长着针叶的乔木。松与梅、竹并称“岁寒三友”，其坚忍不拔、四季常青的特质自古被人们称颂。松属植物在全球有110种，我国分布39种，其中红松、华山松、云南松、马尾松、油松、樟子松等是我国森林中的主要原生树种。此外，松脂、松花粉、松子具有重要的工业用途和食用价值。

丹顶鹤

鹤

鹤为大型涉禽，主要栖息于沼泽、浅滩、草甸等生境。中国传统文化中寓意长寿的仙鹤一般指丹顶鹤。丹顶鹤全长约1.5米，除颈、次级飞羽和三级飞羽为黑色外，其他羽色为白色，头顶的红色为裸露的皮肤。丹顶鹤在我国的繁殖地主要位于内蒙古东部、黑龙江、吉林和辽宁，越冬地集中在江苏和山东。丹顶鹤平均寿命在50～60年，是涉禽中十分长寿的种类。

清康熙哥釉青花松鹤鹿纹笔筒

口径18.2厘米，高16.4厘米。器作圆筒形，口底相若，平底。胎质坚硬细腻，胎色洁白，器身饰哥釉青花松鹤鹿纹。古人以鹤为仙禽，寓意长寿；松，万古长青，也有长寿之意；鹿与“禄”同音，代表福禄。

明万历青花松竹梅纹罐

口径10厘米，高18厘米。花口，短颈，瓜棱腹，腹下渐收，圈足。胎质坚硬细腻，胎色洁白。颈部绘青花卷草花卉纹，肩部饰变形蕉叶纹，近底部饰青花弦纹两周，腹部绘青花松竹梅纹，辅以花、鸟、灵芝等，松树苍劲，翠竹挺拔，梅花秀丽，鸟儿穿梭于其中，嬉戏追逐。松竹梅，合称“岁寒三友”。古有“松竹梅，岁寒三友；桃李杏，春暖一家”之说。松象征常青不老，竹象征君子之道，梅象征冰清玉洁。这三种植物因在寒冬时节仍可保持顽强的生命力而得“岁寒三友”之名，是中国传统文化中高尚人格的象征，也借以比喻忠贞的友谊。

明嘉靖青花福寿云鹤纹葫芦形瓶

腹径31.5厘米，高61.5厘米。器呈葫芦状，小口，束腰，平底。胎质坚硬致密，胎色洁白。通体绘青花纹饰，口沿、近底部绘变形莲瓣纹，束腰处绘缠枝花卉及寿字纹，上腹部四圆形开光内绘缠枝花组成的寿字纹、开光外绘云鹤纹，下腹部绘四匹天马在云海间奔跃。胎体厚重，釉层肥厚，青花呈色淡雅，是明嘉靖时期的代表作品。

清乾隆青花松鹿鸟纹瓶

高18.4厘米。撇口，束颈，椭圆形腹，圈足。胎质坚硬细腻，胎色洁白。器身满绘青花松鹿鸟纹。松树刚劲挺拔，两只绶带鸟栖于松枝作回首相望状，透露含情脉脉之意；松树下两只梅花鹿一大一小，一上一下，深情对望，别有情趣。青花色调淡雅，纹饰清新脱俗，意境闲适悠远。

清阎玉田内画松鹤烟壶（水晶）

高6.4厘米。烟壶水晶材质，内画松树、仙鹤等。整体风格古朴素雅，清丽脱俗。背书“乙未祝多雅玩　京师阎玉田作”。松与鹤，在古人的观念里，皆是吉祥长寿之物。松乃“百木之长”，长青不朽，是长寿和高洁的象征。鹤为“百羽之宗”，祥和优雅，是瑞寿和高贵的象征。松鹤烟壶笔墨清润灵秀、清新雅致，寓意如松鹤般高洁，鹤寿延年。

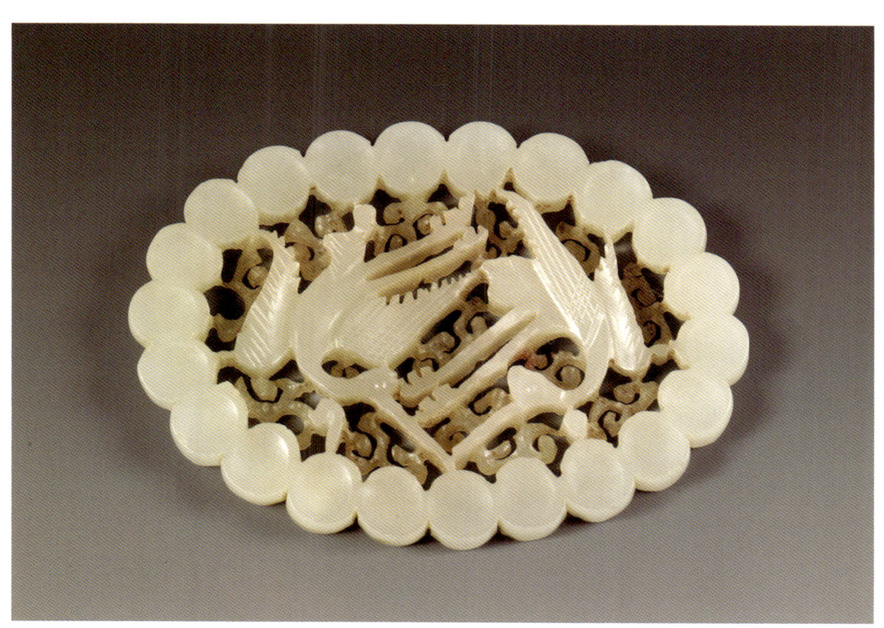

镂雕双鹤白玉牌

白玉质地，扁平，略呈椭圆形。外沿雕刻一周珠状纹饰，圈内以减地法勾勒雕刻出仙鹤图案。鹤双翼翕张，修长的足舒展，颈部向画面中心弯曲，两鹤正嬉戏互动，翩翩起舞。君子比德于玉，又钦慕逍遥江湖，传统文人的精神家园，自在这进退之间。

景泰蓝仙鹤烛台

每个高80厘米。采用单脚站立于松树枝干上的仙鹤造型，鹤脚和鹤喙鎏金，鹤身为景泰蓝装饰。鹤昂首，扭转颈部，头与身体呈90°夹角，鹤嘴衔着的灵芝也是鎏金，鹤嘴与灵芝亦为直角夹角，因此灵芝上部有景泰蓝装饰的烛台与鹤身体呈一直线方向，整体姿态协调而富有转折变化。仙鹤、灵芝、松树，都是仙风道骨、养怡之福的象征，三者融为一体，寄托着对于健康长寿、可得永年的美好愿望。

鹤剪纸

两件相同，每件宽8厘米，高15.5厘米。鹤站姿，身体挺直，尾羽下摆，舒展翅膀，弯曲脖颈，伸着长长的喙，似在引吭高歌。所谓仙鹤，今天其形象基本与丹顶鹤重合，而古人所称仙鹤常是泛指，包括白鹤、灰鹤等。我国是鹤类大国，全世界15种鹤里有9种都能在我国见到，如黑颈鹤是唯一一种在高原生长繁殖的鹤类。剪纸的艺术特点，给这两件仙鹤的实际种类，留下了遐想的空间。

2 “龟”年鹤寿

《龟经》载:“龟一千二百岁，可卜天地终结。”传说中龟能活千年，是长寿的象征，因此用龟形象表达长寿寓意。人们常说“龟千年，鹤万年”，两者都是长寿的象征，因此常共同构成吉祥纹饰或将其制作各式造型的器物以寓意长寿。

中华草龟

龟

龟是一类非常古老的动物，是龟鳖目下大多数种类爬行动物的统称。龟鳖目下分曲颈龟亚目和侧颈龟亚目，通常说的各种“鳖”也属于曲颈龟亚目。根据栖息环境，龟可以分为两栖、水生、陆栖三大类。大部分龟具有坚硬的背甲和腹甲所构成的骨匣，受到惊吓时大多数龟类会把头、尾和四肢缩回骨匣中。大多数龟为肉食性，寿命较长，在自然环境中亦有存活百年以上的个体。

金仙人龟鹤齐寿纹铜镜

直径11.6厘米。铜镜，圆形，圆钮，素缘。镜背左侧一株大树枝叶横贯顶部。钮右侧一老者拄杖，身旁一鹤回首而立，身前一龟口衔灵芝向其缓缓爬行；左侧一人右手持物面向老者，外围一周串珠纹。龟和鹤自古被视为长寿的象征，民间常用龟龄鹤寿、龟鹤延年来喻长寿，所以此镜纹饰具有增福增寿之吉祥寓意。

3 松“菊”延年

菊花，古代又名节华、更生、朱嬴、金蕊、周盈、延年等。菊花是长寿之花，古人认为菊花能轻身益气，令人长寿有征，相传多饮菊花水或菊花酒可以长寿。松菊延年寓意着崇德之人长寿百年，风姿犹存，也是健康长寿的祝词。

菊花

一般认为传统观赏的菊花不是一个单独的物种，而是菊科菊属的多个品种，它们是经过不少于1600年的杂交选育等手段被培育出来的园艺品种。现在用于观赏的菊花品种，可以按照花瓣的结构、花朵形态等特征，分为平瓣类、匙瓣类、管瓣类、桂瓣类和畸瓣类5个瓣类、30个花型和13个亚型。而“一朵”菊花也不是一朵花，而是一个头状花序，由外面的舌状花和里面的管状花组成。

缪莆荪菊花、赵叔孺行书诗成扇

宽45厘米，高31.8厘米。款识："艳集篱东。癸未重九日写奉荨荪先生雅正，谷瑛缪莆荪。"钤印："缪莆孙"（白文）、"谷瑛氏"（朱文）。此幅艳集篱东图，出自陶渊明"采菊东篱下，悠然见南山"诗句。它不同于大写意的墨菊笔法，也不同于将菊花融入历史故事中去描绘，而是聚焦于菊花之美，描绘得细致入微，尽显菊花之美、傲雪凌霜之态。此幅菊花扇面恰写于重阳之日，正和民俗中"重阳敬老，益寿延年"的美好之意。

郦馥载菊归舟扇面、朱煜书法扇页

扇面宽51厘米，高18.5厘米。款识："镜贤仁兄大人雅正，己丑仲春，诸暨郦馥芗谷甫写。"钤印："馥印"（白文）。图中所画一高士头戴方巾端坐于舟中，正在欣赏一盆黄色和白色菊花，船头一撑船人隐藏于松树之后仅见其背影；岸边松树奇曲，一棵枝干弯曲伸向湖中，一棵枝干耸立枝叶下垂。取材于陶渊明《归去来兮辞》，诗人不为五斗米折腰，辞官乘舟而归田园。图中又将松、菊融合到一起，健康长寿的吉祥寓意不言而喻。此图既有着文人清高的君子之意，也包含了健康长寿的美好祝福。

专论

Monograph

与自然探索相伴而生的吉祥文化

雷鸣霞 ■ 浙江自然博物院

世界各地文化在探索自然、了解生存环境、形成人类社会的进程中都有过类似经历：原始人类开拓荒野、驯养动物驯化植物、了解和改善自己族群的生存条件。这一过程也被认为是人类通过逐步开化，实现跟周围野生生物本能逐步区别开来且超拔而出的必然过程。如果把近现代科学观的研究方法和范式放入中国古代历史中进行检视，会发现古代中国的自然探索和成果表述几乎无法响应发端于欧洲的科学史模式。古代中国留下来的自然内容，更多是关联复杂逻辑玄幻的归因式总结，里面有着大量的趋吉避害的经验型观点。这些观点在经过历史长河浸淫后交织成了一种对美好英勇、积极善良等群体品格德行的追求，今时我们称之为吉祥文化。

1 向善求德：哲学思考与自然观察行为的呼应

中国人对自然万物的研究是以横联观比为惯式的，对自然界所含的组分成员进行研究时，其态度是人、物一体的认知，对动物界的认知是先触及“关系”再延伸到“本体”的一种认知结果。认为这个有机整体其秩序本质上是同一种力量对动物及人类社会同时生效。整个过程以立体阶层的架构方式实现，即观察记录、描述归纳、总结提升这些不同环节是由社会文化结构中不同阶层分别完成的。工匠观其形，官员明其制，君王定其义。这种认知现象的方式反映出古人对自然的探索，一开始的意图或许就是想找出自然规律，总结摸索出自然运转变化的秩序，进而更主动地与之响应。这是一种类似“生态化”的研究习惯，其论著则以“和谐存续”的追求为目标意图。

观看今天我们所能观察的文物，在形象上，通过比对现生生物的生物学特征，可以发现这些形式化的描述本身对工艺呈现的指导效果是非常卓著的。例如现藏于中国国家博物馆的西汉错金银云纹青铜犀樽，精准地再现了当时在我国境内尚有分布的苏门答腊犀牛的解剖特征：颅顶凹陷、面额弓状隆起、两颊有脊等。又如古人描述长臂猿是“或黄黑通臂，轻巢善缘，能于空中轮转，好吟”[①]，在鲁国故城遗址3号墓出土的战国鎏金银猿形带钩就准确地再现了一个于树林间伸臂轮转

① 原文见周索氏《孝子传》，云：“蝯，寓属也。或黄黑通臂，轻巢，善缘，能于空轮转，好吟。”见唐徐坚等著《初学记》卷二十九猴十五，中华书局，2005年。

的长臂猿形象，还巧妙地把带钩的功用设计结合在了长臂猿的通臂姿态中。此类文物形象比比皆是，可谓形上曰道，象外传神了。

2 致知为用：吉祥文化在自然运用中的出现与繁盛

2.1 “吉”的出现

公元前9世纪成书的《周易》认为其所记载的法式是自然本身存在的，八卦意式并不是伏羲凭空创造的，而是观察天地而得到的。其对自然体系的描述（见表1）呈现了一个多维的体系。

表1[①]

动物种类	五行	季节	方位	颜色
鳞	木	春	东	青
羽	火	夏	南	赤
蠃	土	季夏	中	黄
毛	金	秋	西	白
介	水	冬	北	黑

在这个体系里，动植物繁衍生息的次序被分为五类。每类的各自始祖以某种龙的形式作为转变环节，虽万物不同，传至今时，却都被视为“龙之所传”。这也是“龙的传人”这一自称的由来[②]。当然，这种基于原始简陋观察逆推出来的动物演化路径显然和今天大家所熟悉的进化论迥然不同。但考虑到古人的观察局限和研究技术等现实因素，此类充满想象力的猜测推演意图还是颇有勇气的。这个有着复式逻辑的架构决定了华夏文明在自然探索和运用的历程中，会出现多维度寻求趋吉避害的意图，且这个意图会成为华夏文明在社会科技哲学等不同领域进取追求的重要发展基石。

2.2 “吉”的表达

中国古人在对过往和当时的观察思辨之后，也试着把这一系列的观察思考所得内容整理提升为一种对未来有指导和引领意义的哲学理念。这个提升的过程和自然探索风习民俗相伴

① 参见胡思德在《古代中国的动物与灵异》一书中，根据《淮南子》卷五《时则》月令模式绘制的表格。

② ［西汉］刘安《淮南子·墬形训》：窔生海人，海人生若菌，若菌生圣人，圣人生庶人，凡窔者生于庶人。羽嘉生飞龙，飞龙生凤凰，凤凰生鸾鸟，鸾鸟生庶鸟，凡羽者生于庶鸟。毛犊生应龙，应龙生建马，建马生麒麟，麒麟生庶兽，凡毛者生于庶兽。介鳞生蛟龙，蛟龙生鲲鲠，鲲鲠生建邪，建邪生庶鱼，凡鳞者生于庶鱼。介潭生先龙，先龙生玄鼋，玄鼋生灵龟，灵龟生庶龟，凡介者生于庶龟。

而成，再自成体系衍化开来。

《周易》认为动物身上的花纹（文）与天象对应，与地法相关，所以天文（纹）地理（纹）为观察者提供了规则，而能不能通晓宇宙，则取决于观察万物的才能：观察、区分、记录，并以“定名”的方式来告知周遭。伏羲把观察到的天地之间万物之文（纹）归类记录下来，并转化为图形，以交予人。伏羲的伏字就有“别也、变也”的意思，指辨别之后转化为普通人能流传的内容。从伏羲的角度来说，观察鸟兽的花纹羽色是手段，不是目的，他通过这些花纹寻找可以对宇宙分门别类的模式。故而，在这个过程中，自然里的鸟兽之文通过伏羲的观察、记录、转化后完成了“用社会组织和人类行为的角度”进行的推论和改写。至于古人用甲骨占卜，在动物身上刻写文字，也是在一来一去用花纹契合文字来和神灵对话。张光直在《商周青铜器上的动物纹样》一文中就指出，青铜器上的动物不只是装饰，还有协助巫师沟通人神的作用，鸟兽之文有了社会之文的结构（吉言）。此外，从战国后期到汉代早期有一种观点潜滋暗长：相信永生和变形不可分开。此后，人们便用种种善变的爬行动物、两栖动物、会脱壳的动物来比喻长久不死，表达对永生不朽、肉体转化的向往。这也是长寿吉语的来源。

到了物质文化层面，鸟兽之文的视觉表达加载在服饰上成了采用的毛羽纹样和色彩，并按特定的人文解读（组合、谐音）进行搭配组合拼接，成为吉服。用猎取的动物之局部做出服饰，穿而蹈之，有象征征服（征服：取来服之是为“得”）某种强大动物力量的用意。《国语》卷五鲁语下中有云，夫服，心之文也。这也印证了特定节日仪典上要穿着对应的吉祥服饰这样的传统用意。

《说文解字》提到仓颉造字是受到鸟（足）迹启发，后世有认为文字起源于鸟兽行为留下的痕迹，而这也可以视为文字符号在实际生活操用中最初的使用需求点。书法中的虫书、鸟虫篆也暗契了书者意图取法于鸟兽之文成吉文这一形成路径。现存较早的毛笔唐笔，其款式被称为“鸡距式”，即雄鸡脚爪的后趾，写字的举动便犹如雄鸡于沙地上留下爪印。

古代中国认识自然界原生秩序的核心概念是地域，认为动物行为和它生长的地区有千丝万缕的联系。那时中国人给自然界建立秩序依据的是空间，不是物种。这种与地域互相契合的关系反映在各种实践中，包括食用、祭供、军事使用乃至农业思想。

从大禹的“国分九州”到周礼的“地分五类”，动物与地域的关联也是固化的。每个地域通行时都以本地特征化的动物形象来约定不同符号，用于识别和获得通行许可。比如《周礼》里说山国用虎，土国用人，泽国用龙等。这类符号的形制就是“符节”“印玺”“旌旗”。有意思的是，这种各地各形的通行符号，在后世的功用升级中，都被纳入了军事行动的约束管理中。

《管子·兵法》专门罗列了军旗的九种动物符号在部队行军过程中的使用方法，不同的动物符号对应行军中可能遇到的不同的前行阻碍[①]。旗上这种复合纹饰的符号在实际使用中是有

① 详见《管子校释》卷六兵法篇。

明确通信用意的。一则警醒跟随的队伍接下来要面对的困难，二来也期望借助旌旗上的动物符号，军队能够获得和那种动物一样的摆脱该处困境的技能，从而能使队伍顺利前行（吉行）。再往后，虎的通行形象更被单独强化，提升为军队调度发令的专用符节——虎符。这与虎这种生物在华夏地域广布出没，还能出入山林、踏雪涉水，适应大多数地貌环境的生物习性不无关系。

2.3　对吉的追求

古人通过观察认为，在土地的滋养下同个区域的不同类别之物会有同样的地域气韵。这种特定相连的关系体现了古人已察觉到同个群体的趋同性和不同群体之间的差异性是并存的，折射出古代已出现了朴素的环境论认知。基于这种认知，古人的哲学理想里强调“扎根本土”是行使职权的必要条件。这种固守初本的认知态度，这种对文明整体的完整性追求，对此后华夏文明的文化定位思考起到了决定性的作用，统治思维绵延数千年的思想里深刻蕴含着不好外扩不求侵占的特点。

历朝历代统治中会设置一种“皇家苑囿”，把多种珍贵重要的动物聚在一个特定的地理空间，安排不同的特定方位和区域进行圈养。这种形式的设计和用意旨在确证君王具有所需的灵异法力，以苑囿的祥和繁盛示为“吉事（示）”。在这个统治构件里，苑囿其实就是一个精微的自然舞台，上演着君王对大自然的象征性掌控能力，捕猎、祭牲、宴享的仪式标显的是君王有统治自然万物的德能。发展到后世，这种吉示的寓意被君王刻意地运用在了其王权统治宣告上。公元前110年，汉武帝着意在泰山放生珍禽异兽[①]，可以视为是一次有意的祥瑞营造，意在由此获得吉祥。

河北省满城中山靖王墓出土一件汉代博山炉，其装饰则更加微而具地再现“灵山和珍禽异兽”这个理想化的自然世界。博山炉上除了有人与动物打交道的居家画面、狩猎场景，还描绘了一个微型世界，有云遮雾罩的山峰，周围环绕着形形色色的奇禽怪兽。《西京杂记》曾提到博山炉为汉成帝时长安巧匠丁缓所做，上面的动物“异乎寻常”，和现实可见的动物不尽相同，但身体态势又“皆自然运动”。古人认为将此情此景描绘于焚香上祷的香炉上，能产生灵异神奇的法力。这种基于现实动物，又抽升为想象形象的动物描绘，在功用过程中以“纹”的形制着于香炉这类祭器上，也是一种以动物求吉的文化发展形式。

能让不同地域灵气相通，能让跨界易栖的灵异并存的地域、空间，不言而喻必是最优渥、最全面的理想天地，拥有着济达天下万有的模式和法力。对这个理想天地的追求体现在实际建出仿制或相类世界的行为之。从苑囿的配置到博山炉上的灵山世界，这都是最宏大的吉祥追求，也是最本初的吉祥愿望：实现一个平等各存的极致圣境。

---

① 详见《史记》卷二十八封禅书：纵远方奇兽蜚禽及白雉诸物，颇以加礼。兕牛犀象之属不用。皆至泰山祭后土。

2.4 吉祥内涵的丰富与衍生

在犹太教和基督教传统中，逾越人兽界线就是违背神创秩序，是渎神之举；欧洲中世纪和近代早期的哲学家、神学家认为，人才有权支配自然、征服自然，人兽之间的变种或变形有悖于神圣秩序，人兽之别不可逾越是圣经赋予人的特权。

然而神创万物、等级森严的说法却不见于古代中国。中国的传统认为宇宙中唯一不变的是宇宙一直在变化；变化、改变、转化是基本法则，是以变化和流动为正常秩序的，由此推演，逾越人兽界线只是有不同的身份含义。"化"可以是一物处于一处的适应，也可以是一物成为另一物的一部分。文字字形是对动物行为动态的模仿，音乐是对动物鸣叫变化的模仿，舞蹈是对动物体态互动的模仿，认为一物可"化"为别形，便是思想上对自然万有不同的模仿。臻入化境，描述的也是极致的转化变化才能，这是思想认知上向善求吉的进取追求。宇宙之大，既是动物栖身之所，也是人类托命之所，这种变化的原理在人和动物上同时生效，所以人把动物的变化视为宇宙发生变化的有形体现，人若要为"圣"，就要懂得应对这种幻化无定的变化。

西方研究把关于生物自体认知的能力称为"自我判别"，在近现代心理学研究领域，设计出镜子测试，用来检验动物是否存在自我意识。研究发现，通过该实验的动物包括了全体类人猿种、猕猴、瓶鼻海豚、逆戟鲸、大象等。西方研究者认为没有自我意识的生物是不具备道德评估条件的。

古代中国思想则认为，人类驯服动物乃至支配自然都是道德教化的过程，而不是武力征服的过程。故而，动物本能也是像人的本能那样是可以调整改变的，而改变的原因可能是自然法则，也可能是人类的行为准则，或者兼而有之。所以在古代中国，贡品用于国之间的递达交换，是证明中央君权的势力不受地理界线局限，而非单纯的物资收纳投效。君王只要收下外方的动物物产，就等同宣示对这些礼品（贡奉）来源的产地同样拥有圣德掌控的权力。所以在《汉书》关于汉武帝获白麟一事记载中，对麒麟形态"独角，蹄分五瓣"细节的描述做了详细的社会政治喻言，借以强调汉武帝所希望达到的"统一之说"。[①]这就非常鲜明地体现出，古代中国的统一不是伐而杀之取而代之的武力颠灭，而是用己处之德"礼化"外域的文化包容。简而言之，历史上涉及国家版图的征伐拓展在古代中国的立场看来，只是在试着用国力开化绝域、用文化教养蛮人。

---

① 详见《汉书》卷六十四：盖六鹢退飞，逆也；白鱼登舟，顺也。夫明暗之征，上乱飞鸟，下动渊鱼，各以类推。今野兽并角，明同本也；众枝内附，示无外也。若此之应，殆将有解编发，削左衽，袭冠带，要衣裳，而蒙化者焉。

3 关于吉祥文化的一些例证

3.1 图影画行的模仿

把动物身上的纹文到自己身上，相信由此可以产生威力来对付凶猛动物，或者模拟动物的动作，进而可以产生法力。如果把这种动物实体或象征体赋予被祝福者，便可以享有这种动物的灵异能力。这种思维模式下，后世衍生出不同的使用理解和应用方式，最典型的便有“以形补形”的食用养生之论和以谐音谐形装点自身的吉物创造。

《月令》中提到“鸠鹰转化”便是基于一个不够准确的自然观察经验得出的美好揣测。鸠被赋予再生、驻颜、养老的象征意义，人们认为鸠不会被食物噎到。基于这些对鸠的认知，汉代会在仲春之月（月令里鹰化为鸠的时候）赐鸠给老人，而到了八月，会赐鸠杖[①]以祝祷长寿。

3.2 朴素的原始环保态度

把动物生理道德化，最显著的例证见于讨论狩猎和记载动物肆虐的材料。以当时的看法，认为无所节制地捕猎是违背道德法则的行为，早在商汤时即有对捕猎方法、捕猎季节的约束，并视为猎用者的道德操守。《左传》也强调人与动物取得平衡的关键在德。《晏子春秋》中晏子责备景公耽于田猎，王肃的《谏格虎赋》[②]等史书故事里都有提到：人若侵入了动物的栖息地（做了人的栖息地），动物便也使人的栖息之处遭受兽灾。《月令》等文献还详细强调了渔猎行为跟猎物的活动从道德上要合拍，要求通过观察动物特定行为有无出现来判别可否开始人的相关捕捉。这样的判定方式背后是渔夫猎人留心动物以时祭祀的职业天性。《睡虎地秦墓竹简》所出秦律里关于狩[③]猎的部分，说考虑到人对猎物的需求，又意识到不能破坏动物界的节律，于是制定狩猎规则来维持二者的平衡。这被称颂为中国最早的环境保护法。以上历史文献提到的，都在强调人类社会的活动范围要适度保留出动物的界。

3.3 积极的见贤思齐态度

认为动物的皮毛有什么纹样和纹理，就表明有什么样的贤明。把灵禽异兽的灵性等化为人间圣贤化洽天地的品格，种种相似之处还是因为“文”之含义多重——文化、文字、纹饰、纹样都是“文”。比如雉科多活动于丛林地面，不善远飞，羽色鲜亮，叫声高亢，便于发现。这些客观习性导致雉科禽类成为古人最容易观察总结的对象。于是，韩婴在《韩诗外传》中总结，鸡能按时打鸣，分判昼夜，又能引起禽鸟同声相和。有人把鸡的形貌跟儒家德行加

---

① 《后汉书·礼仪志》：仲秋之月，县道皆案户比民。年始七十者，授之以王杖，餔之糜粥。八十九十，礼有加赐。王杖长九尺，端以鸠鸟之为饰。鸠者，不噎之鸟也。欲老人不噎。

② 参见《孔丛子》卷七。

③ 狩，守地而取之也。字源学解释“猎取与保护互有补充关系”。

以联系：鸡有冠谓文，足有距谓武，鹰在前敢斗谓勇，得食相呼谓仁，鸣不失时谓信，此之谓“五德”。

古代中国人认为动物身上的奇文异彩表达了灵异和美德，那么复合不同特征的动物能力对应了复杂的人品和德行。王充在《论衡校释》超奇第三十九中有云：人之有文也，犹禽之有毛也。毛有五色，皆生于体。苟有文无实，是则五色之禽，毛妄生也。他认为文采斐然却无实质的著述犹如色彩斑斓的毛皮，虽有五彩却乏条理。《后汉书》提到圣人虎别其文炳也，君子豹别其文蔚也，辩人狸别其文萃也。狸变则豹，豹变则虎。其中的狸就是亚洲豹，唐代还出过驯养狸的故事。豹勇而尾言谦也[①]。同为猫科，豹行动迅捷，尾巴却保持低伏不张扬，猫（狸）则相反，文质相对之下，豹尾彰显了“谦顺清廉”的品格，于是被用于装挂在汉代马车队列的末车，此尾之文赋予这个车马队列的主人在行事做派上同样的品格。

4 结语

古代中国对动物的概念是以社会中心论为主的。在所有自然物中，动物犹如一面透镜，把自然和人类社会两处的秩序聚合在一起。自然与文化浑然一体，人与动物息息相关，且保持一种动态。古代中国认知有把动物和人类归于同一个世界的一体化倾向。在古人的理想中，人和动物在自然宇宙里是结伴，而不是人俯视动物。这种对待动物的哲学态度，深刻广泛地反映在了古代中国人探索动物世界的进程中，体现在对自己于诸多物种中身处何方的认识方式上，即“万有在宇宙中并列，万物在自然中共存”。

一开始朴素的自然观察方式激发出平等的博物意识，进而在归纳提升中形成华夏文明自有的庞大繁杂的统筹推导体系，接着逐步在各处生成了可以最大范围满足农耕文明发展所必需的直观管理模式。在普及过程中，趋吉避害便是充分利用人类生理本能的一种推广手法。

吉祥祝福是世界上每个文化群体里都有的行为现象，这些行为都抱有一定实用主义的祈祷意图，追求的是实现对利益需求的“得到”。由于华夏文明基因里的哲学认知从开始就带着平等共存的世界观、生存观，这种特有的认知自然、理解万物、探索世界的思考方式、哲学理念，决定了华夏吉祥文化的诞生和繁茂丰盛与众不同。在我国文化传统里，吉祥文化并不只是处于现实利益诉求下进行的祈祷恳求的利益预期，还是充满引领、教导、指引意味的，在长久永续等精神境界上对品格方向和道德提升方面提出了群体性的自我要求和愿景。这就不仅是关于“得到”的祈愿，还多了一重“想做到”的期望。这便和其他地方有了本质的不同，前者只寄托于被动，后者还多了一重主动。

今天我们认为迷信是一种不问根由的坚信，且不加区别地盲目遵从重复的无知行为，而客观指的是能在现有方法下所能了解并理解的现实描述。随着现代社会认知自然的研究手段

---

① 详见晋崔豹《古今注·舆服》：“豹尾车，周制也，所以象君子豹变，尾言谦也，古军正建之，今唯乘舆得建之。”

不断提升、使用自然素材的方法技术不断变化，今时今日关于自然生态的认知观念必然可以跳出囿于过往技术手段所形成的迷信，且以新时代的技术水平和政治哲学理念为工具，追求形成新的客观认知。这同样是一种对未来更美好的期待与倡导，是对地球环境长久永续的吉祥祈愿。

参考文献

[1]湖南农学院等编. 长沙马王堆一号汉墓出土动植物标本的研究[M]. 北京：文物出版社，1978.

[2]邹树文. 中国古代的动物分类学[M]. 上海：上海古籍出版社，1982.

[3]林语堂. 吾国与吾民[M]. 西安：陕西师范大学出版社，2002.

[4]张光直. 中国青铜时代[M]. 北京：生活·读书·新知三联书店，2013.

[5]胡司德. 古代中国的动物与灵异[M]. 蓝旭，译. 南京：江苏人民出版社，2016.

[6]林巳奈夫. 神与兽的纹样学：中国古代诸神[M]. 常耀华，译. 北京：生活·读书·新知三联书店，2016.

[7]朱存明. 丑与怪：从史前艺术到汉画像中的怪异研究[M]. 北京：生活·读书·新知三联书店，2018.

莲的植物学特征与莲花纹饰隐喻吉祥文化的关系

王强 ■ 浙江自然博物院

莲又名莲花、荷花、芙蕖、芙蓉和菡萏等[1]。在漫长的历史进程中，莲被不断赋予各种含义，形成中国莲文化，也作为中国吉祥文化的组成部分渗透到社会生活的各个层面。以莲为题材的纹饰称莲花纹饰，又称荷花纹、莲瓣纹等[2]，被广泛应用在陶器、瓷器、金银器、漆器、建筑、纺织品等上，成为人们表达情感和历史文化的一种符号。

1 莲与莲花纹饰素材植物的关系

莲属（Nelumbo Adans.）是被子植物中起源最早的种属之一。据古植物学家研究化石证实，多种莲属植物在白垩纪时已在北半球许多水域分布，而只有两种幸存至今：一是中国莲（*Nelumbo nucifera*），一是美洲莲（*Nelumbo lutea*）。本文所写的莲均指中国莲。在黑龙江嘉荫晚白垩世永安村组发现的嘉荫莲（*Nelumbo jiayinensis* sp. nov.）化石表明，莲在中国的历史可追溯到8000万年前，且早在约3000年前中国就已经有关于莲的文字记载。《诗经·郑风》有载："山有扶苏，隰有荷华。"《尔雅·释草》有载："荷，芙渠；其茎茄，其叶蕸，其华菡萏，其实莲，其根藕。"三国时期陆玑在《毛诗草木鸟兽虫鱼疏》中也写："荷，芙蕖，江东呼荷，其茎茄，其叶蕸，茎下白蒻，其花未发为菡萏，已发为芙蕖，其实莲。"大自然中各种莲的形象是莲花纹饰造型的来源。作为莲花纹饰创作素材的植物并非只有莲，而是主要指睡莲科（Nymphaeaceae）中莲属（Nelumbo Adans.）和睡莲属（Nymphaea L.）的不同种类植物。两属代表植物有：莲（*Nelumbo nucifera* Gaertn.），又称荷花（通称），是睡莲科莲属多年生植物（图1）；睡莲（*Nymphaea tetragona* Georgi.），又称子午莲、水芹花，是睡莲科睡莲属植物（图2）[3]。其中，睡莲作为创作素材普遍存在于涉及佛教的莲花纹饰中。《中国花经》中记载，"佛教中的莲花，并非荷花的同义词，它还包括不同属的睡莲"。印度佛经中的七宝莲花有两种，白色的芬陀利花是荷花，其余是睡莲种。[4]可见，涉及佛教的莲花纹饰包括了莲和睡莲的不同种类。莲和睡莲在根茎叶、花果实种子上有着明显不同的特征（表1），而在作为佛教题材及其衍生出的莲花纹饰创作素材所表达的吉祥寓意上有相似之处。

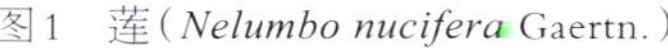

图1　莲（*Nelumbo nucifera* Gaertn.）

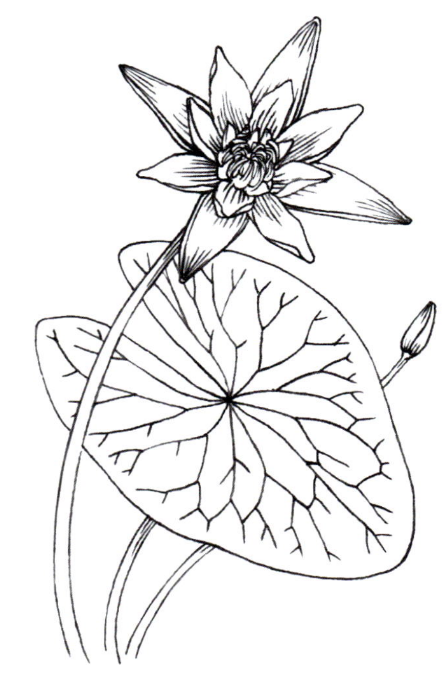

图2　睡莲（*Nymphaea tetragona* Georgi.）

表1　莲和睡莲植物学特征的区别

器官名称	莲（荷花）主要的特征	睡莲的主要特征
根茎	有变态根状茎——莲藕	根状茎短粗，没有藕
叶	叶子有钱叶、浮叶和立叶。叶片为盾形，没有缺口	只有浮叶，叶片表面油亮，心状卵形或卵状椭圆形，有V字形缺口
花	花朵较大，花瓣基部宽广，颜色有白、红和粉红	花朵小（大王莲例外），花瓣长狭，颜色有白、黄、紫、粉红、红、紫红和蓝等
果实种子	会结莲蓬，莲蓬内有莲子3～30枚不等	没有莲蓬，浆果球形，种子椭圆形

2　莲的植物学特征及其吉祥寓意

我国历史上莲以华东、华中为最多，其次为华南、西南、华北，东北、西北亦有少量分布。[5]莲的广泛分布使得先民们很早就对这种植物具有较为深入的认识。1972年11月起在郑州大河村仰韶文化遗址的考古发掘中，发现F2房基遗址东北角的烧土台台面上放有一罐炭化粮食、两枚莲子和一块木炭[6]。碳十四半衰期值用5730年时测得木炭年代约为公元前3075

年[7]，表明5000多年前的新石器时代，莲子已进入人们的生活。《尔雅》等书所载对莲各部分的分别命名，也显示了古人对这种植物的了解、喜爱与重视。古人观察莲之茎、叶、花、果实、种子的生长方式和形态特征，并为各个器官命名，莲花纹饰的吉祥寓意就与此有很大的关联。

2.1 莲的茎与其吉祥寓意

莲有横生的根状茎，茎肥大多节，有明显的节和节间，节上既可萌发新枝，又能长出不定根。藕是由地下茎先端的3～4个节膨大构成，顶端一节最短，第二节稍短、最粗，最后一节最细。每一节上都有顶芽、腋芽，叶芽包在鞘状的苞叶中。藕的根状茎的解剖结构，从外向里依次为周皮、皮层薄壁组织、类内皮层、维管束环及髓部。从藕的解剖结构可见许多纵直的孔道，这反映出其作为茎的特征。这些孔道与藕鞭、叶柄相通，从而实现气体交换。藕茎多节且中通外直，象征有气节、刚正不阿。藕中孔道众多，代表着路路通、路路通财。

掰开莲藕时可以看到有藕丝相连。莲藕体内的运输组织是由一些螺旋状排列的环状导管构成的，形似弹簧。当莲藕被折断时，那些螺旋状导管并未真正被折断，而是像弹簧一样被拉长，形成许多丝状物质，因此会出现藕断丝连的现象。唐代孟郊《去妇》诗云："妾心藕中丝，虽断犹牵连。"藕断丝连的现象象征着男女情意不绝。且莲藕与连偶谐音，寓意"佳偶天成"；荷藕与合偶谐音，寓意"因合得偶"。因而莲藕纹也有爱情缠绵之意。

2.2 莲的叶与其吉祥寓意

莲的叶呈盾状，圆形，全缘，中部稍凹如浅漏斗状，叶柄在正中承托，稍成波状或反卷，形如伞。莲叶直径25～90厘米。《尔雅·释草》："荷，……其叶蕸。"荷叶阔大，因名为蕸。"荷"之命名亦在于此。[8]自然界中龟、蛙等动物在莲硕大的叶片上停留的现象时有发生。而古人认为"龟千岁乃游莲叶之上"[9]，因而以"龟游荷叶"题材的纹饰凸显了长寿的寓意（图3）。

图3　南宋　龟游荷叶洗

莲叶硕大而叶柄中有孔道相通，这一结构也被古人利用以饮酒。据《酉阳杂俎》记载，早在三国时期，魏国名士郑慤就连柄摘下莲叶盛酒，并以簪刺叶使其与叶柄中孔道连通，如此便可将叶柄拉起当作吸管吸食染上莲叶香气的美酒①。这种天然荷叶杯被称作碧筒杯，这种饮酒法在唐代贵族间盛行，以此为灵感设计的莲纹酒具②被用以体现这一高雅的情趣。

莲花效应主要是指莲叶表面具有超疏水以及自洁的特性。莲叶上有纳米级的细微结构。这种细小的突起物，使得水珠不易吸附在莲叶上。落在叶面上的水会因表面张力的作用而形成水珠，当叶面倾斜到一定角度时，水珠就会沿着叶面滑落并带走上面的污物，达到自洁的效果。《佛说除盖障菩萨所问经》中有菩萨若修十种法者即如莲华之说，其中二为“不与恶俱”，形容水滴于莲叶上附而不着的特性，如同清净身口意三业，不与恶俱[10]。

2.3 莲的花与其吉祥寓意

莲的花冠成莲座形，花色多种，花瓣多数。依花型可分单瓣、半重瓣（复瓣）、重瓣、重台、千瓣等。其中，单瓣指正常花，雌雄蕊均无瓣化现象；半重瓣指部分雄蕊参与了瓣化，花瓣数稍多于正常花；重瓣指花瓣数高于正常值的二倍，更多甚至全部雄蕊参与了花瓣形成；重台指除了部分雄蕊瓣化，雌蕊也参与瓣化，高出花托，状似花中花；千瓣指雌雄蕊及倒锥状花托完全消失，且常形成多个花芯，花瓣数达千枚以上甚至几千枚。[11]

千瓣莲存在多种变态，其中双花芯者称为并蒂莲，三花芯者称为品字莲，四花芯者称为四面莲。除双花芯的千瓣莲外，莲花纹饰所呈现的另一种并蒂莲则是在同一花柄上有两蒂两花，能结出两个莲蓬，又称并头莲。这是由于莲原有的一个花芽因外界刺激或变异而形成两个分生中心。并蒂莲生成的概率仅十万分之一，是莲中珍品，受人珍视。宛如两朵莲花合成了一朵的双花芯之状，以及两朵莲花通过同一花柄获取水和养分而紧紧依偎之态，又使人联想到恩爱的夫妻，因而并蒂莲寓意缠绵爱情，永结同心。[12]

除了并蒂莲，鱼戏莲纹样也传达了与爱情相关的意象。自然界中，鱼在莲间穿梭的景象十分常见，而莲的芽孢、花瓣等也是一些鱼类喜爱的食物。鱼多子，且双鱼的轮廓与女阴的轮廓相似，鱼的象征意义由远古的象征女阴[13]，发展为象征女性，又在母系社会向父系社会转变的过程中发展为象征情侣、配偶。花是植物的生殖器官，莲花美丽且单朵花所结莲子众多，自古便被作为女性的象征③。当鱼与莲组合在一起，鱼就转而象征男性。闻一多曾写“用鱼喻男，莲喻女，说鱼与莲戏，实等于说男与女戏”[14]。鱼戏莲即对于性行为的隐喻，表达对于婚姻美满的期望。

莲作为一种水生植物，还被赋予了厌火之意，以莲纹作为建筑装饰时，有防火之意。汉代

---

① 《酉阳杂俎》之《前集》卷七：“历城北有使君林，魏正始中，郑公悫三伏之际，每率宾僚避暑于此。取大莲叶置砚格上，盛酒三升，以簪刺叶，令与柄通，屈茎上轮菌如象鼻，传吸之，名为碧筒杯。历下学之，言酒味杂莲气香，冷胜于水。”

② 《清稗类钞》释：“吸杯，作莲蓬、莲叶交互相连状，别有莲茎，茎之中有孔，可吸饮。”

③ 《诗经》之《陈风·泽陂》载：“彼泽之陂，有蒲与荷。有美一人，伤如之何？……彼泽之陂，有蒲菡萏。有美一人，硕大且俨。”

应邵的《风俗通义·佚文》中记载："殿堂宫室，象东井形，刻作荷蓤。荷蓤，水物也，所以厌火。"[15]南朝沈约的《宋书》中亦记："殿屋之为圆渊方井兼植荷华者，以厌火祥也。"[16]"莲井"一词就是指这种绘有荷蓤等图案的藻井。

莲在水生植物中属于挺水植物，即根生于泥土等底质中，茎直立，叶等光合作用组织挺出水面气生的植物。挺水植物常分布于0～1.5米的浅水处，部分种类也生长于潮湿的岸边。莲之花直径10～20厘米，花梗和叶柄长1～2米。纤长的花梗和叶柄之上，大朵的花与大片的叶亭亭苕苕，形成鲜明的对比，尽显优雅姿态，给人以出淤泥而不染之感，被誉为"花中君子"。加之"莲"与"廉"谐音，莲花纹饰因而也用以传达高尚纯洁、清正廉明的寓意。如单独的一柄莲叶或莲花可以象征"一品清廉"。又如将莲花、莲叶、莲蓬等以带束作一把的束莲纹，又名把莲纹、一把莲，亦表高洁清廉之意（图4）。莲与睡莲在中国及佛教的发源地古印度均有分布。印度信仰中的莲与睡莲常被通称为莲花。在佛教诞生之前，印度就已存在莲花崇拜。水是万物生长的源泉，印度早期原始信仰中，会用满瓶来代表水，在盛满水的瓶中生长出枝繁叶茂的莲花，象征着生命不息和丰饶富裕。这种印度本土的原始信仰，一直影响佛教的图像和内容，因此多姿多样的莲花表现成为印度佛教的重要内容。[17]莲花的挥发性成分中含有多种烯类等释香成分，花香即由花朵释放的一系列低相对分子质量挥发性成分混合而成[18]。《佛说除盖障菩萨所问经》中认为莲花是"戒香充满"的，以莲花之香能除粪秽之气，来喻佛法之戒能灭身口之恶。南朝时期天竺僧人真谛所译《摄大乘论释》中也有"莲花有四德，一香二净三柔软四可爱，譬法界真如总有四德，谓常乐我净"的解释。莲扎根淤泥而凌于碧波，有如佛之

图4　明·永乐　青花一把莲纹盘

图5　中唐　连枝宝相花纹葵花镜

图6　清·乾隆　青花鼓式大扁壶

超脱凡尘。莲是可在茎叶枯萎后继续生存至来年重新发芽的多年生水生植物，佛家以此象征生命永续轮回。对自然界莲之特征的观察、印度其他信仰的影响、佛教自身的不断传播与发展，共同使得佛教中的莲被视为圣洁之花，有“佛即莲、莲即佛”[10]之说，莲花纹饰也被用以表达各式美好的寓意并在中国广为流行，产生新的演化。

例如唐代盛行的宝相花（图5），将莲饱满圆润的花形与佛教传入的“圆满”概念相结合，由莲为主体辅以牡丹、石榴、忍冬等多种植物纹样，形成装饰化的花朵纹样，最初取佛教词汇“宝相”以表佛的庄严之相 ，而后在发展过程中其意逐渐世俗化，演化为对于完满、吉祥的追求。又如藏传佛教中的八宝法轮、法螺、法幢、伞盖、莲花、宝瓶、双鱼、盘长结，又称“八吉祥”（图6）。其中的莲花即取莲之出尘不染，寓意至清至纯、得修正果，与另七者共寓吉祥、圆满、幸福之意。

2.4　莲的果实及种子与其吉祥寓意

莲的果实属于聚合坚果，是由一朵花的许多离生单雌蕊聚集剩余花托，并与花托共同发育的果实。莲房是埋藏荷花雌蕊的海绵质花托，表面具有多数散生蜂窝状孔洞，受精后逐渐膨大而被称为莲蓬。莲蓬的每一孔洞内生的一枚小坚果为带壳的莲子。成熟的莲子有着坚硬的黑褐色革质果皮，其中的种子即为可作食用的莲子，有着白色或红色的种皮，中间长有一根莲芯。莲蓬的形状有倒圆锥、碗形、伞形、扁圆形和喇叭形等。莲子的形状有椭圆形、卵形和卵圆形等。莲蓬会在莲子成熟后萎缩甚至脱落，海绵状的结构使其可浮于水面，莲子就在顺水漂流的过程中脱落，沉入水底，待条件合适时萌发。

古人把莲开花时中间尚无莲子的花托也作为果实看待，认为莲是花与果同时生长的。明代王象晋所辑《群芳谱》中就写:“凡物先华而后实，独此华实齐生。”[19]因而在古人的认知中，莲结实很早，寓意早生贵子。佛教中则会以此来象征佛法的因果不二。《佛说除盖障菩萨所问经》中也赞此为“开敷具足”，以莲花开时的花果具足，象征菩萨修行功成的智慧福德庄严具足。

一个莲蓬内有许多莲子，因此莲蓬、莲子以至莲这种植物也被赋予了祈子之意。例如莲蓬纹、子鱼卧莲（由孩童、鱼、莲组成）、连生贵子（由莲、笙、桂、孩童组成）等纹饰寓意多子多福，缠枝莲纹（以藤蔓、卷草为基础结合莲花）寓意吉庆、生生不息（图7）。现代社会中有关千年古莲子发芽开花的研究和报道也进一步印证莲的生命力、繁殖力之强，为莲自古就有的多子、繁衍寓意，增添了新的色彩。

图7　清　四喜童子莲纹鼻烟壶

3　结语

莲花纹饰是对自然莲花形象的抽象化，具有丰富的文化内涵和民俗文化寓意。作为我国传统吉祥纹样之一，它体现了一种含蓄、淳朴、和谐和美好的中国人文思想，与中国传统的世界观一脉相承，是中国传统文化的重要组成部分。它绵延流传至今，成为具有中国传统文化特征的视觉象征符号之一，并被中国人民赋予了美好的生活向往和精神内涵。

参考文献

[1]阮元. 十三经注疏[M]. 北京：中华书局，1980：2665.

[2]刘熙霞. 中国陶瓷装饰莲花纹样研究[D]. 济南：齐鲁工业大学，2015.

[3]中国科学院中国植物志编辑委员会. 中国植物志：第27卷[M]. 北京：科学出版社，2004：003，009.

[4]陈俊愉，程绪珂. 中国花经[M]. 上海：上海文艺出版社，1990：135.

[5]舒迎澜. 莲的栽培史略[J]. 中国农史，1988（001）：89-96.

[6]陈立信. 郑州大河村仰韶文化的房基遗址[J]. 考古，1973（06）：4-10，71-73.

[7]中国科学院考古研究所实验室. 放射性碳素测定年代报告（三）[J]. 考古，1974（05）：333-338.

[8]谭宏姣. 古汉语植物命名研究[D]. 杭州：浙江大学，2004.

[9]司马迁. 史记[M]. 北京：中华书局，2006.

[10]张明柬. 中国古典莲花纹样之研究[D]. 台湾艺术大学，2006.

[11]黄秀，田代科，张微微，等. 荷花"重瓣化"的花器官形态发育比较观察[J]. 植物多样性，2014，36（03）：303-309.

[12]冯俊晖. 陶瓷装饰中莲花纹的发展与运用[J]. 陶瓷研究，2003（03）：47-48，54.

[13]赵国华. 生殖崇拜文化略论[J]. 中国社会科学，1988：1-26.

[14]闻一多. 古诗神韵[M]. 北京：中国青年出版社，2008.

[15]应劭. 风俗通义校注[M]. 王利器，校注. 北京：中华书局，1981：575.

[16]沈约. 宋书[M]. 北京：中华书局，1974：519.

[17]张晶. 早期印度佛教植物装饰源流与传播研究——以莲花纹和忍冬纹为例[J]. 创意设计源，2018（01）：14-20.

[18]牛叶青，张芳，李柳燕，等. 荷花不同品种花瓣中挥发性成分的研究[J]. 植物资源与环境学报，2019，28（01）：52-61.

[19]故宫博物院. 二如亭群芳谱[M]. 海口：海南出版社，2001.

历史和自然双重视角下的福文化解读

陈静　马小颖　■　河北博物院

为推动人文与自然的跨界融合，2018年4月河北博物院与浙江自然博物院结成战略合作伙伴关系，于2018年暑期联合推出了海上花——浙江自然博物馆馆藏珊瑚展。展览取得良好社会效果。以此为契机，双方决定加深合作，再次携手策办以“福、禄、寿、喜”为主题的展览，借此祝福新生活、喜迎新时代。

“福、禄、寿、喜”是中华传统吉祥文化的重要组成部分，广泛应用于民众的日常生活中，时至今日仍散发着极强的生命力和影响力，并随着华人群体散播到世界各地。“福、禄、寿、喜”中以“福”文化为首位，如长命百岁、荣华富贵、平安健康、老得善终等都是福文化的内涵，它寄托了人们对美好生活的期许，对幸福喜乐的向往，千百年来已然成为中华传统吉祥文化的根基。借助此次展览，笔者以筹展过程中搜集的相关文物、史料、动植物标本等为支撑，从历史和自然的双重视角对福文化进行解读，从而进一步厘清其历史价值和时代意义。

1　福文化的内涵

福文化是经过变异的选择性保留而生存下来的文化，它以文字、语言、习俗活动的形式不断模仿、复制，流传至今。[1]其奠定了中华民族几千年的人生观、价值观，影响了一代又一代中国人的民间信仰和民俗生活。

《说文解字》中提道：“福，祐也。”[2]《诗经·大雅·瞻卬》中也有“何神不富”之句，此“富”即“福祐”之意。因此，古人所谓的“福”是指获得神灵的赐福、保佑。《说文解字注》中说过：“福，备也。”[2]《礼记·祭统》亦文：“福者，备也。备者，百顺之名也。无所不顺者，谓之备。”也就是说，古人认为无所不顺即为福。及至今日，我们祈祷时依然会说万事顺利等，这也是几千年来中国人一直所祈望追求的。《释名》中曰：“福，富也。”《礼记·郊特牲》中也有“富也者，福也”之句，可见家中富贵也是福的内涵之一。在古代，生产力水平低下，能够实现物质生活的满足便是莫大的幸福。

《荀子·劝学》从福与祸的关系角度对福进行了阐释：“福莫长于无祸。”因此，福的内涵也包括无祸，无祸就是大福，平安、健康就是福。《韩非子》中对福的理解为：“全寿富贵之谓福。”在中国传统文化中，“福”与“寿”往往是联系在一起的，体现了主客观统一的幸福观念。[3]福寿安康、福寿双全等，都是人们所认为的一种幸福。《尚书·洪范》对福的内涵进行了较为概括的解释：“一曰寿，二曰富，三曰康宁，四曰攸好德，五曰考终命。”[4]这也是最初的五福观念。随着人们认识的加强，到后期五福又囊括了“福、禄、寿、喜、财”等新的含义。

福文化的内涵在历史的传承中延续发展。如今，我们依然认为丰衣足食是福，健康长寿是福，富贵平安是福，家庭和谐是福，修身养性是福。新的时代，福文化又被赋予更深层次的内涵，知福、惜福、积福、修福、造福、享福都是现代社会所传播的福文化。但无论如何，福文化都跳脱不出人类对物质和精神层面美好的希冀和追求。可以说，福文化具有明显的泛化特征和极大的包容性，基本可以囊括所有的生活领域，只要是想追求的美好事物，都可以用福来表达。[5]

2　福文化溯源

福文化的产生最早可以追溯到原始社会。当时，生活环境恶劣，生产力水平极其低下，人们面对神秘莫测的大自然，无法建立客观的认识，对其产生了畏惧、崇拜以及想要将其征服的心理。于是，在与自然的抗争中，远古先民逐渐产生了朦胧的趋福避祸的意识。他们想要通过某种方式或者某种媒介与自然建立起联系，通过这种联系来表达自己对于好的事物、结果的祈盼，以求获得自然的庇佑。自然崇拜、图腾崇拜可以说就是早期人们求吉观念的一种表现。

筹展组在搜集展览资料的过程中，注意到一些考古发掘的早期器物，其上刻画的神秘图案、符号可能就代表了当时先民们的一种自然崇拜。鱼纹是仰韶文化的标志性纹饰之一，陕西西安的半坡、姜寨等新石器时代仰韶文化遗址中出土的许多器物上都发现有鱼纹。蛙纹也是早期文化遗址中常出现的代表性纹饰，如甘肃天水马家窑文化的彩陶器上常有变形的蛙纹形象。鱼和蛙都具有旺盛的繁殖能力，这正符合处于恶劣自然环境下的先民们祈盼人口繁衍兴旺的需求。在长江流域与黄河流域，“鸟（凤）日伴生”的原始图像是一个常见的图式。[6]河姆渡遗址出土的“双鸟朝阳”牙雕，其上刻画的双鸟环绕太阳的纹饰就被认为是一种早期的阳鸟崇拜。

随着历史的发展，文明在人类认识自然、征服自然的过程中不断演进，逐渐出现了文字。早期的文字为象形文字。人们将早期的祈福观念进行形象化的表达，在阐释文化内涵的基础上构形，逐渐形成有文字学、文化学支撑的汉字“福”。

“福”字右半为“畐”，“畐”最早见于商代甲骨文残词，大多音义不明，确切可知的用法是氏族专名，不排除个别词例读作“福”。“福”字最早见于西周早期，如宁簋盖铭文“宁肇其乍乙考尊簋，其用各百神，用妥多福，世孙子宝”，其中在“畐”字左半增加意符“示”，从而组成音义明确的形声字“福”，成为现代汉字“福”的直接源头，并与神祇祭祀、祖先祭祀等密切相关。[7]

及至后世，福作为祭品的象征也是存在的。鲁迅先生在《祝福》中有过一段关于福文化的描述：“家中却一律忙，都在准备着‘祝福’。这是鲁镇年终的大典，致敬尽礼，迎接福神，拜求来年一年中的好运气……煮熟之后，横七竖八的插些筷子在这类东西上，可就称为‘福礼’了，五更天陈列起来，并且点上香烛，恭请福神们来享用。”其中的“福礼”，便是指祭祀祖先的供品，也是对早期福文化的一种传承。

3 福文化的发展演变

3.1 初步形成期

夏商周时期是福文化的初步形成期。伴随着趋吉观念的产生，早期的祈福意识出现，而后又逐渐形成抽象的福观念，并最终发展成一种影响深远的文化。尤其是《尚书·洪范》中阐释的五福概念，代表了系统的“五福”文化的产生。

图1 战国 四龙四凤铜方案座

这一时期国家出现，王权意识加强，考古发掘的器物中以象征王权的龙凤纹(图1)为主，饕餮纹、蟠螭纹、鸟兽纹等也在此期盛行。这些纹饰造型多从自然元素演变而来，在前期依附于青铜器、玉器进行传播。后期，随着经济的发展，工艺水平的提高，带有吉祥图案造型的漆器也多有发现。这些器物主要反映的是上层贵族的生活和观念，但处于同一历史时代的普通民众也脱离不了这些思想文化的影响。同时，以血缘关系为纽带，以“嫡长子继承制”为核心的宗法制确立并完备，这也势必会影响人们对于福的理解。《庄子·天地》中即有“华封人曰：请祝圣人，使圣人寿，使圣人富，使圣人多男子”的描述，“华封三祝”所表达的多寿多福多男子便是当时社会中的主流祈福价值。

3.2 定型发展期

随着生产力的提高以及社会的发展，秦汉时期福文化的表达形式更加多样化，纹饰增加了四神纹、云纹等祥瑞图案并成为主流(图2)，考古发掘的器物也不仅局限于上层贵族，亦涵盖了普通民众阶层。专制主义中央集权制度在这一时期建立并不断加强，思想上汉武帝

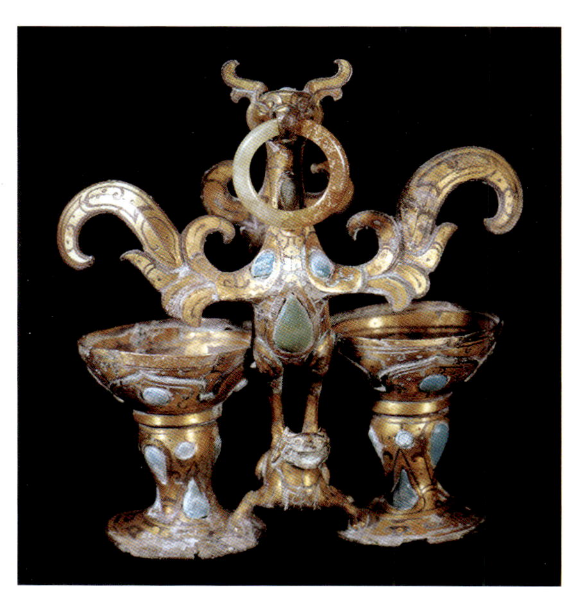

图2 西汉 铜朱雀衔环杯

采纳董仲舒的建议“罢黜百家，独尊儒术”，倡导“天人感应，君权神授”。在专制和礼治的影响下，人们通过顺君、顺天来祈得幸福，顺君即顺天，顺天就是要人按照自然界的阴阳寒暑的变化修仁义、施刑德，这样才能得福。[8]

魏晋南北朝时，社会战乱不断，政权更迭频繁，仅靠儒家思想不能使处于灾难中的人们获得精神慰藉，人们需要借助儒家以外的思想获得拯救，求得精神上的幸福。因此，外来佛教和本土道教对儒学的地位发起了冲击，儒释道三教并行，表现福文化的题材则更加丰富，纹饰上增加了佛道题材的莲花（图3）、飞天以及得道成仙等元素。不仅如此，后世流传最广的福神天官也出现了。《梁元帝旨要》中云“上元为天官赐福之辰”，可以看出，福文化在此期间不断发展扩大，对民众的影响也越来越大。

图3　北齐　青釉仰覆莲花樽

3.3　衍化发展期

隋唐时期，繁荣开放，经济文化与社会生活都焕发出新的活力。佛教广泛传播，科举制也确立并不断完善，成为寒门打破阶层的重要途径，步入仕途平步青云成为越来越多的普通民众以前所不敢想之“福”。在多重因素的影响之下，福文化的表达元素更趋多元化，牡丹、葡萄、宝相花等多种多样的花草元素进入人们的视野（图4、图5），成为这一时期的主流。

宋元时期，商业贸易迅速发展，市民阶层不断壮大。瓦舍勾栏丰富了人们的文化生活，宋词、元杂剧的兴起传播以及造纸术的成熟、印刷术的发展等都为福文化的表达创造了新的形式和途径。年画行业在这一时期趋于成熟，《东京梦华录》载：“瓦中多有货药、卖卦、喝故衣、

图4　唐　鎏金芝鹿纹三足银盘

图5　宋　耀州窑“赵”字款缠枝牡丹纹盘

探搏、饮食、剃剪、纸画、令曲之类。”[9]在宋代，年画普遍被称为“纸画”，贴于家中用于祈福避祸。《梦粱录》中亦载：“岁旦在迩，席铺百货，画门神桃符，迎春牌儿，纸马铺印钟馗、财马、回头马等，馈与主顾。”可以看出，当时的年画题材有门神、桃符、春牌、钟馗等，贴年画已成为普通民众重要的祈福形式。

3.4 全盛发展期

明清时期，随着市民阶层的进一步扩大，福文化完全走向平民化，进入全盛时期，并形成以“福、禄、寿、喜、财”为核心、更贴近百姓生活的五福文化。它以各种形式存在于民众的日常生活中，建筑、服饰、器皿等都成为表达福文化的载体，图案纹饰也包罗万象，达到“图必有意，意必吉祥”的境地。从筹展所收集的文物资料中可以看到，这一时期表达福文化的纹饰图案依然多从自然元素衍化而来，常见的植物元素主要包括桃子、葫芦、葡萄、牡丹、莲花、灵芝等，动物元素多见蝙蝠、大象、仙鹤、仙鹿、龙、凤等。福文化的表达不再是简单的图案呈现，而是通过谐音、象征、双关、借喻等多种方式表达，如五福捧寿（图6）、葫芦万代（图7）、瓜瓞绵绵、太平有象（图8）等。五福文化在民间得到了更为广阔的传承和发展。[10]

图6　清　粉彩五福捧寿纹盘

图7　清　童子葫芦青玉瓶

图8　清　铜胎嵌珐琅象驮大吉葫芦瓶

纵观福文化的源起和发展，都与自然密不可分。它源于人与自然的抗争和融合，其后在历史与文明发展演变的进程中又与自然建立起密切的联系。从历史的变迁中，我们看到了福文化旺盛的生命力，也体悟到福文化不仅仅是人们孜孜追求的长寿、富贵、安康，更包含了人与自然之间、人与社会之间、人与人之间的和谐相处、安定有序、诚信友爱，这些既是福文化所呈现的时代价值，也是展览想要表达的主题之一。

参考文献

[1]郭卫平. 文化进化的模因论对中华福文化的阐释[J]. 重庆工学院学报(社会科学版), 2007 (11): 132.

[2]段玉裁. 说文解字注[M]. 上海: 上海古籍出版社, 2010.

[3]李志峰, 陈嫚. 中华福寿文化的当代诠释及启示[J]. 歌海, 2020 (03): 125.

[4]马融, 郑玄注. 古文尚书[M]. 北京: 中华书局, 1991.

[5]刘瑞华. 传统福文化的价值精神与现代意义[J]. 学术探索, 2016 (04): 134.

[6]刘玉堂, 吴艳荣. 神话传说和考古发现视域下凤凰崇拜的观念之源[J]. 社会科学动态, 2021 (03): 8.

[7]李守奎. 汉字阐释与汉字文化普及: 以福字为例[J]. 汉字汉语研究, 2021 (02): 12-16.

[8]张亲霞. 中国传统礼治视野下的福观念[J]. 殷都学刊, 2013, 34 (04): 109.

[9]孟元老. 东京梦华录[M]. 北京: 中华书局, 2016.

[10]王晓彤. 近代汉族民间服饰中的"五福"文化研究[D]. 无锡: 江南大学, 2019.

浅谈明清家具上的吉祥图案

冯宁 ■ 河北博物院

1 吉祥图案概述

中国的传统文化博大精深，是中国几千年文明的结晶。纹饰图案作为中国传统文化的重要组成部分，一直贯穿于中国历史发展的整个过程，并随着社会政治、经济、文化的不断发展而变化着。中国传统纹饰图案一直存在于我们的生活之中，历史悠久，内容丰富，反映了特定时期人们的风俗习惯和价值观，具有浓厚的生活气息和独特的艺术风格，是中华民族几千年智慧的结晶。

中国传统吉祥图案是中国吉祥思想发展、演变的一种图式化反映。《逸周书·武顺》云"礼义顺祥曰吉"，《说文解字》云"吉，善也；祥，福也"，吉祥通俗地说就是美好的预兆。中国的传统吉祥文化图式有三种表现形式：一是以借喻、比拟、双关、象征、谐音表示；二是以纹样形象表示，如龙纹、凤纹、八卦、祥云、宝相花、回纹、盘长结、中国结等；三是以文字来说明，如福、禄、寿、喜、财、吉、和等字。中国传统文化巧妙地将情景、物象、文字融为一体，因物喻义，物吉图祥，创造出图形与吉祥寓意完美结合的美术形式，表达对吉祥美好生活的向往。

吉祥图案经过千百年的传承演变，已具有鲜明的民族特色，从最初传统的祥瑞思想嬗变为吉祥如意、福寿显贵等世俗化的吉祥观念，在工艺品、印染、织绣、家具、建筑彩画及民间艺术等各个方面都得到了广泛的应用[1]。本文以明清家具为例，对明清家具的装饰特征、纹饰图案及其吉祥寓意略作探讨。

2 明清家具的装饰特征

明清时期，随着经济的繁荣以及海外贸易的发展，许多珍贵木材被运至中国，加之建筑行业兴盛，人们对家具材料认识水平的提高和审美观念的改变，以及制作工匠技艺的提高，明清两代的家具成就达到了历史上前所未有的高度[2]。

明代家具的种类丰富，样式纷呈，工艺精湛，具有高度的科学性和艺术性，逐渐形成了著名的明式家具风格。明式家具主要形成于明代，进而延续到清代康熙时期。这一时期产生的家具，大体具备相同的风格特点，故而在概念上统称为"明式家具"[3]。

清代家具的制作采用多种材料，为达到威严、豪华、富丽的目的，又配以各种装饰手段、制作形式，形成了独具特色的"清式家具"。清式家具并不是与清代相始终的，康熙以前制作的家具，在造型和风格上和"明式"差异不大，大体保留着明式风格。到了雍正、乾隆之际，经济空前繁荣，统治者的靡费奢侈亦日益滋长，追求精巧新奇。不少达官豪绅利用家具来炫奇斗富，家具的制作逐渐形成清式风格，即我们所说的“清式家具”。明式家具和清式家具的时代特点、装饰技法各有特色。

2.1 明式家具的特点、装饰技法

明式家具的主要特点是采用木架构造形式，形成别具一格的形体特征，其造型简洁、秀丽、朴素，并强调家具形体的线条形象，确立了以“线脚”为主要形式语言的造型手法，体现了明快、清新的艺术风格。同时，明式家具充分发挥了硬木的天然色泽和自然纹理。明式家具不事雕琢，为了讲究线条的优美，在不影响整体效果的前提下，仅在部分构件上作小面积的雕饰，结构合理，造型优美。明式家具制作上讲究榫卯结构的巧妙和加工工艺的精巧，更显得隽永、古朴、大方。

明式家具的装饰技法主要表现在以下几个方面：

（1）装饰与结构相结合。明式家具的装饰与结构是一致的。牙头、牙条、券口、花饰和雕刻相辅相成，成为结构中不可缺少的组成部分。在立木与横木的支架交角处，运用多种牙头和牙条，如替木牙子、托角牙子、云拱牙子、云头牙子、坐角牙子、马背牙子、棂格牙子、悬鱼牙子，以及吊挂楣子、镂空楣子等，不仅起到了装饰美化的作用，而且在结构上也起到了支撑重量、加强牢固的作用。

在四周边框之间，采用造型简练、富有变化的各种券口，如壶门券口、鱼肚券口、椭圆券口、长方券口、圆形券口、海棠券口等，发挥了装饰与结构的统一作用。此外，还有挡板，形式有云头、灵芝、万字、草龙、葫芦等。

明式家具的装饰，没有虚设的或单纯的装饰，它的一招一式都与结构有关，可以说装饰与结构的结合是明式家具的特点之一。

（2）局部雕刻。在明式家具中，常以很小的面积，饰以精微雕刻，点缀在最适当的部位上，与大面积的素地形成强烈的对比，使家具整体显得明快简洁。木雕构图，多是采用对称与均衡图案，形象生动活泼、神态自若。明式家具的雕刻形式有平地浮雕、平地深雕、阳刻、阴刻等。它的风格特征概括起来是：线条挺秀，健而不硬，柔而不弱，洗练利落；刀法简练，层次分明，转折灵活，光滑润泽；虚实相称，疏密适度，造型完整，形象生动。

（3）金属饰件的使用。在柜、箱、橱、椅、交杌等家具上，根据功能要求，配置金属饰件。铜饰件的式样，也是种类繁多和千变万化的，有圆形、长方形、如意形、海棠形、环形、桃形、葫芦形、蝙蝠形等。这些饰件不仅发挥了良好的装饰作用，同时也起到了增强家具性能的作用。[4]

2.2 清式家具的特点、装饰技法

清式家具的特点，首先表现在用材厚重上，家具体型、尺寸较明式宽大，相应的局部尺寸也随之加大。其次是装饰华丽，表现手法有雕刻、镶嵌及彩绘等，给人的感觉是威严、稳重、豪华，与明式家具的朴素、轻巧、优美形成鲜明的对比。

清式家具装饰追求富丽堂皇，工艺也更加多样化，有的采用金、银、贝壳、珊瑚、象牙等进行镶嵌，有的采用填色、描绘、堆漆手法等，将家具装饰得艳丽夺目。此时家具上的装饰由于过分追求奢侈显得有些烦琐和不足，已和明式家具那种注重结构美、线条流畅、实用性强的审美观逐渐脱离。

清式家具的装饰技法在明式家具的基础上又有了很大的发展：

（1）雕刻技法。清式家具在装饰上常运用浮雕、圆雕、透雕和线刻等多种雕刻方法。线刻又分为阴刻和阳刻，雕刻刀法洗练，层次分明，纹样疏密适宜，虚实相称。浮雕是在家具板面上琢刻图案，形体轮廓线近似绘画。依表面凸出的高度不同，浮雕可分为高浮雕和低浮雕。清式家具一般采取低浮雕。圆雕和透雕富有立体感和空间感，光洁细腻，一般镂空其背景部分，有的单面雕，有的双面雕。有边框的一般称为镂空花板。

由于各地工匠习惯不同，材料来源也有难易之分，往往采取的雕刻方式也不尽相同。广式家具因硬木材料来源充裕，又多是大材料，故采用圆雕和透雕的较多。椅凳的四腿常去方就圆，以取其毓秀灵巧。同时由于受西欧装饰风格的影响，雕刻上表现物象的立体感和前后的空间感都较强，雕刻面积宽广而纵深，有些家具雕刻近似通体雕琢。

苏州硬木家具的雕饰长期保持了明式家具的风格和特色，雕刻图案古朴典雅，雕刻精细，常在椅背、托腮下部的牙条洼堂肚雕刻云纹、寿、花果之类，椅子、罗汉床的帐子有时透雕成线吊金钱式样，但都是以较简易的式样雕琢的。

北方硬木家具的雕刻纹样较多，皇室家具不但采用透雕、浮雕等多种手法，而且雕饰应用范围在家具品种和家具部位上都比明式家具广泛得多。

漆雕在清式家具上也和明式家具的做法不尽相同，特别在雍正与乾隆两个时期，技法和风格上又有不同重点的发展。特色是金碧辉煌、工精秀美、技艺精湛。表现形式为浮雕、通花透雕和立体通雕，尤其是经路通畅、镂空多层次的雕刻为明式所不多见。

（2）镶嵌技艺。清式家具除大面积雕花外，更突出的是利用各种材料的不同质地，装饰于家具上，如用大理石、玉石、陶瓷、贝壳、金属、影木、黄杨木、竹子等进行镶嵌并组成不同的吉祥图案，以表达人们对美好生活的向往和渴望。这些不同质地、不同色泽的装饰材料和高超的镶嵌技艺，为清式家具增添了瑰丽色彩。

（3）描金、彩绘。描金、彩绘在清式家具中占有重要的地位。如在方凳、绣墩、椅、几案和橱柜上，都装饰有黑漆描金的各种花饰图案，特别是体积较大的橱柜，使用黑漆描金，更能显示出光华富丽、金碧辉煌的效果[5]。

3　明清家具的纹饰图案

家具是布置居室殿堂必不可少的器物，兼具使用价值和观赏价值。施以精细装饰的家具，在给人以视觉享受的同时，也以其装饰纹样的含义，使人得到心理和精神上的满足。家具纹饰体现着民族的思想观念、行为模式、审美情趣等，与民族的艺术、道德、信仰、风俗和生活习惯紧密联系。

3.1　明清家具的纹饰特征

明式家具简朴素雅，端庄秀丽。除大漆家具外，明式家具很少滥施雕琢，而是充分显示木材的天然色泽和自然纹理，疤节仍在，充分尊重材性，追求材料的自然美。明式家具纹饰一般以龙、凤凰、灵芝、折枝、卷草纹、博古纹、云纹、回纹等为主，只在局部可见小巧的雕刻。花纹装饰不多，但恰到好处，典雅大方。明式家具的纹饰，可以简单地划分为三种：

（1）光素。此类是指没有纹饰，也没有线脚的明式家具。其实纯属这类的家具很少，可以见到的是四面平画桌、方凳、架、几案等。

（2）点缀。此类家具是明式家具的主流。在家具的显著成眼部位，点缀以纹饰，表现主题，注重装饰效果，是大部分明式家具的做工手法。

（3）繁缛。此类家具可谓穷极工巧，凡能入刀处皆入刀，在表现奢华的同时体现出工匠非凡的设计与技巧。

清式家具装饰纹饰求多、求满，其中动物纹饰有龙凤、鱼虫、飞鸟、松鼠等，植物纹饰有卷草、折枝、灵芝、竹等，花卉纹饰有牡丹、梅、兰、菊、荷花等，此外还有博古纹、吉祥图案、云纹、回纹等等。在装饰上，为求华丽，注意和其他各种工艺品相结合，多采用金、银、石、珊瑚、象牙、珐琅器等不同质量的材料镶嵌，装饰上追求金碧璀璨、富丽堂皇。除了镶嵌外，还常采用填色、描绘与堆漆手法，将家具打扮得艳丽夺目。晚清时期，家具上的装饰由于过分追求奢侈显得有些烦琐和不足。[6]

3.2　明清家具传统纹饰分类

明清家具的纹饰题材丰富多样，不仅给人以美观华丽的外表，还因装饰图案的含义给人一种美好的祝愿，使人们在身体上和精神上都得到满足。明清家具传统纹样题材大致可以分为五类[7]，以下是对家具中常见的吉祥图案的简单分析：

3.2.1　珍禽瑞兽

人们常以很多动物作为吉祥的象征。家具中以动物作为主题的纹饰有龙、夔龙、螭、虎、狮、鹿、象、麒麟、海马、凤凰、鹤、蝙蝠、鸳鸯、雉等。此类纹饰在家具中的椅子靠背板、案桌、箱柜、衣架和面盆架等上出现较多，用动物属性和汉语谐音表达寓意。如：

龙，中国神话传说中的神异动物。从古至今，龙一直被视为中国汉民族的图腾，是中国古代的吉祥瑞兽，也是权力的象征。它能禳除灾难、辟邪除祟。龙纹是中国古代延续时间最长、流传最广、影响最大、种类最多的传统纹饰。根据龙的不同形态，图案中的龙纹还可分为夔龙、螭虎龙、黄龙等[8]。

明式家具的龙纹：明代龙纹大多雄劲有力，细脖，头略小，龙发多从两角间前耸，呈怒发冲冠状，张口，龙眉向上，龙爪的五指呈轮状。明代末期，龙身姿态无大变化，而龙发已变为三绺。进入清代早期，龙发已不上耸，而是披头散发，龙身也渐渐粗起来。

清式家具的龙纹：龙眉朝下，龙尾加长，龙爪出现四指并拢的形状。清晚期的龙纹，姿态呆板，龙鼻变大臃肿[3]。

狮，一种常见的动物纹饰。家具上大量地运用狮纹，目的是彰显统治阶级的尊崇地位，祈福纳吉。

鹿，常指白鹿，在古代被视为祥瑞。白鹿又被称为“天鹿”，传说为人成仙时的乘骑。鹿纹表现形式多样，造型丰富多彩，应用也十分广泛。鹿常与仙鹤组合，寓意“鹤鹿同春”；与松树组合，寓意“松鹿同春”；与寿星组合，寓意“禄寿康宁”[9]。

麒麟，是中国古代神话中的瑞兽。与麒麟相关的吉祥图案有麒麟送子、麟吐玉书，喻人生有德，早生贵子[8]。

凤凰，是中国古代传说中的神鸟，体态和锦鸡很像，生性高洁，为百鸟之王，雄为凤，雌为凰，通称“凤凰”或“凤”[8]。与凤凰相关的纹饰有很多，凤凰与龙组合，寓意“龙凤呈祥”。还有“丹凤朝阳”“丹山彩凤”“凤穿牡丹”等，象征美好、吉祥。

鹤，古代多称为“仙鹤”。在中国的传统文化中，鹤被认为是仙禽，寓意长寿。鹤纹与寿字组合，构成寓意长寿的纹样；鹤衔葫芦穿云而飞，寓意福禄寿皆全；鹤与梅组合，寓意高雅、延寿；鹤与松树组合，寓意松鹤延年。

蝙蝠，是一种长有翅膀的哺乳类动物，由于“蝠”与“福”同音，因此自古以来蝙蝠就被人们当作幸福的象征，希望幸福像蝙蝠一样从天而降，多多进“蝠”。蝙蝠纹富于变化，可单独构成图案，也可与别的事物共同组合成吉祥图案。蝙蝠和钱组合，喻“福在眼前”；蝙蝠和马组成的纹样被称为“马上得福”；蝙蝠与云纹组合，喻“洪福齐天”；五只蝙蝠与“寿”字组合，喻“五福捧寿”；蝙蝠、寿山石加如意或灵芝构成“平安如意”[8]。

3.2.2 植物

植物因为特殊的功能或者谐音被当作吉祥的象征纳入纹饰艺术。植物中作为主题纹饰的主要有牡丹、灵芝、莲花、菊花、松、竹、梅、梧桐、瓜果、折枝花卉、缠枝花卉、忍冬纹、西洋花、桂花、水仙、卷草纹等。此类纹饰在家具中的屏风、椅子、床等上出现较多。如：

牡丹，象征繁荣昌盛、富贵吉祥、幸福美好。

灵芝，历代儒家、道家对灵芝的渲染附会，使其成为历代帝王及其追随者崇拜的祥瑞物。

灵芝形似如意，故有“万事如意”之意。

莲花，有“花中君子”的美誉，是圣洁、高雅的化身，美德的象征。佛教将莲花作为自己的标志，视为圣花，代表“净土”，象征圣洁，寓意吉祥。莲花有丰富的吉祥寓意。莲和鸳鸯组合图案是对美满婚姻的祝福；一枝莲花的图案为“一品清廉”；莲和莲的组合图案为“连生贵子”；莲、莲蓬和藕组合的图案为“因荷得藕”[8]；莲和鹭组合的图案为“一路连科”。

松、竹、梅，由于松树、竹子、梅花都属于耐寒植物，故民间俗称其为“岁寒三友”。松树，傲骨峥嵘，四季常青，被喻为长寿。竹子，象征着生命的柔韧坚强、长寿安宁、幸福和谐。梅花，因其能于老干发新枝，严冬开花，所以被认为不衰不老，代表着高尚的情操。此外，梅开五瓣，有“福、禄、寿、喜、财”五福的寓意[10]。

瓜果纹，是一种以各种植物果实为题材的装饰纹样，常见的瓜果纹都是人们耳熟能详且具有典型吉祥寓意的瓜果为主题创作的纹饰，如葡萄纹、桃纹、石榴纹等，这些纹饰在传统祥瑞观念的影响下，在社会上广泛流行[8]。

桃子，象征着长寿。在神话传说中，王母种植的蟠桃树，三千年才开花，再过三千年才结果，所以桃树和桃都是长寿之物。中国民间也有“榴开百子福，桃献千年寿”的民谚。中国人所膜拜的寿星南极仙翁的形象也是经常一手托仙桃，一手拿拐杖。按照传统习俗，中国常以“寿桃”为某人祝寿，由此可见，桃有着特殊的文化意义。

石榴，原产于伊朗地区，后传入我国。西晋人张华在其《博物志》中写道：“汉张骞出使西域，得涂林安石国榴种以归，故名安石榴。”由于石榴“千房同膜，千子如一”，所以石榴又是多子的象征。

葡萄，寓意多子多福。秦汉时期，葡萄由西域输入中原内地，葡萄纹饰的工艺品也随之传来。由于其寓意吉祥，所以作为装饰纹样应用也十分广泛，成为中国传统装饰文化的重要组成部分。

忍冬，又名金银花，是多年生常绿灌木，枝叶缠绕，因越冬不凋而得名。《本草纲目》载：“忍冬，久服轻身，常年益寿。”忍冬纹在佛教艺术中应用较多，寓意人灵魂不死、轮回永生。家具装饰中忍冬纹多用于边缘部分，寓意“益寿、吉祥”[10]。

水仙，装饰家具时常和灵芝组合，名曰“灵仙祝寿”。

3.2.3 几何文字

许多几何文字因其独特的字形结构成为吉祥纹饰的创作原型。常见的有回字纹、锦纹、云纹、卍字纹、双喜纹、团寿纹、长寿纹、福字纹、禄字纹等图案。几何文字一般都是做辅助纹饰使用。此类纹饰在家具中床的挂面、橱门等上出现较多，以浮雕、线雕居多，其用汉语的谐音和文字纹饰寓意崇尚理想和生命。如：

卍字纹，又称“万字纹”。“卍”字通常与葫芦、如意云纹、蔓等组合，代表与万字有关的众多文化意象，如万事如意、万事大吉、万寿无疆、万象更新等。四个如意云头组成柿蒂形，中心饰一“卍”字组合，寓意“万事如意”；“卍”字与葫芦组合，寓意“子孙万代”。

3.2.4 博古纹

博古纹一般有仿古玉纹、仿青铜博古纹、方胜、八宝、如意纹等图案，在家具中的橱柜、床榻、屏风等上出现较多，常用具有代表性的事物来寓意吉祥。比如，如意纹寓意“吉祥如意”“和合如意”。

3.2.5 其他纹饰

吉祥成语、神话传说、山水风景等也是明清家具装饰图案中常见的纹饰，常见的有八仙祝寿、海屋添筹、海水江崖纹、五岳真形图等。山水风景常装饰在屏风、柜门、柜身两侧及箱面、桌案面等面积较大的看面上，陈列在室内，富有典雅清新的意趣。如，八仙有祝颂长寿之意；五岳真形图常用来驱魔辟邪，以求得居家安乐，永保祯祥。

总之，吉祥图案不只是人们对美好生活的向往，还反映了中国人的伦理情感、审美情趣和民族性格。时至今日，吉祥文化已融入我们生活的各个方面，成为绵延千年的中国传统文化长河中一条十分重要的支流。

参考文献

[1]赵屹，莫秀秀. 中国民俗文化丛书：吉祥图案[M]. 中国社会出版社，2012.

[2]王世襄. 明式家具珍赏[M]. 北京：文物出版社，1985：14.

[3]胡德生. 中国古代的家具[M]. 北京：商务印书馆国际有限公司，1997.

[4]胡文彦. 中国历代家具[M]. 哈尔滨：黑龙江人民出版社，1988.

[5]陆志荣. 清代家具[M]. 上海：上海书店出版社，1996：3-11.

[6]韩英. 谈明清家具造型及纹饰特征[J]. 鞍山师范学院学报，2010，12（04）：91-93.

[7]武秉政. 浅析明青时期家具纹饰艺术的分类及应用[J]. 大众文艺，2017（08）：86.

[8]古月. 中国传统纹样图鉴[M]. 东方出版社，2010.

[9]胡德生. 传统家具与传统观念[J]. 家具，2002（06）：40-44.

[10]胡德生. 传统家具与传统观念（续）[J]. 家具，2003（01）：40-44.

从银器上的『喜上梅梢』看传统吉祥图案与现代价值的融合

戎静侃 ■ 上海市历史博物馆（上海革命历史博物馆）

上海市历史博物馆（上海革命历史博物馆）馆藏福禄寿喜吉祥文化相关的藏品中，近代银器是颇为独特的一类。其中“喜上梅梢”的主题值得关注、赏析，其涵盖了文化、历史、自然、生态等多方面，并可由此探讨传统吉祥图案的现代价值和创新传承。

1 云间霜雪凝祥瑞

上海地区所见最早的银器为福泉山遗址一座唐代墓葬中出土的银钗。[1]唐宋以降，随着江南经济、文化、社会的发展繁荣，上海地区的银器数量、种类愈益丰富，其中就有不少寓意吉祥的器物。如浦东东昌路明代陆深家族墓出土的一对银镯（图1），外圈錾刻细密梅花卷草纹，接口处两端分别刻“寿”“福”，与今人追求幸福长寿的愿望情感别无二致。

18世纪晚期以来，西方银器热潮兴起，银器知识日渐普及，推动了亚洲国家进行有组织、成规模的西式银器制造，出现了大量直接外销、售卖给外侨或是作为礼品赠予外侨的银器。近代开埠后，随着中外交往、社会变革和城市现代化的推进，中国人在日常生活中采用更多银制品，也在结婚、生辰、毕业、履职、升迁、开业等欢庆场合，购买或定制银器作为礼物赠送亲朋好友。在此过程中，上海银器吸收了国外先进的金属制造工艺，融汇我国各地金银文化特色，设计时尚、造型别致、做工精细、色泽亮丽，面貌一新[2]。

馆藏清代著名金银匠人张善六制作的一对银寿桃（图2），尺寸约10厘米，采

图1 明 陆深家族墓出土银镯

用锤锞铁、焊接等工艺制成多层圆雕造型，器表施蓝、绿、红珐琅彩。主体为桃子模样，外层连缀立体的缠枝花草装饰。沿寿桃凸出端中剖为上下两半，沿相接处各有一周美术字“寿”，字间饰以蝙蝠。顶面也有一圆形“寿”字。寿桃柄部拟形奔跑的梅花鹿。小巧玲珑的寿桃上福、禄、寿俱全，匠心巧思令人赞叹[3]。

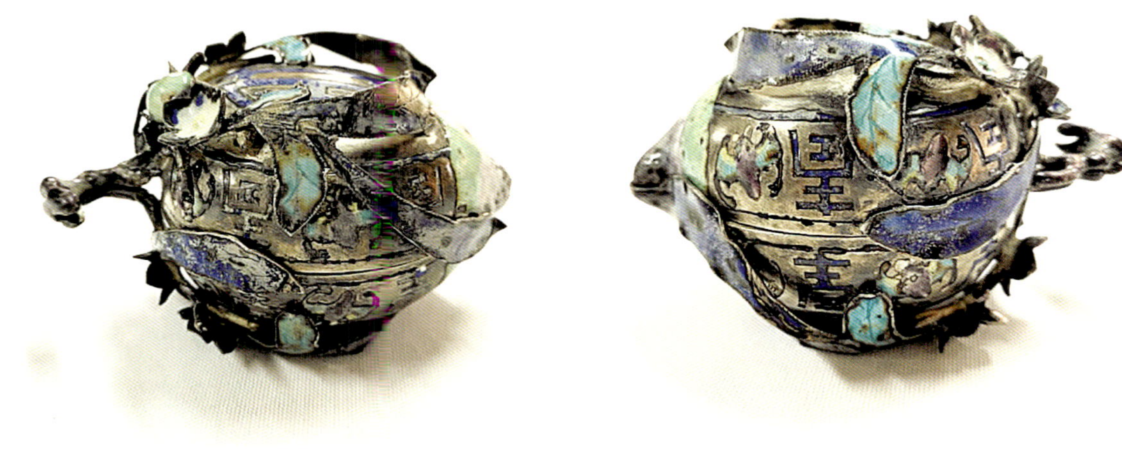

图2　清　张善六制银寿桃（一对）

银元宝即银锭，是用以交易、纳税的贵金属货币，常被用作礼品。这两件“福”字小银元宝（图3），中心戳印阳文“福”字。清代、民国时期，银锭铭文开始不再局限于实用信息，银楼特地制售带有吉语的小银元宝，作为贺寿、婚庆等使用的礼品。除福字外，常见禄、寿、喜、双喜、荣华富贵等吉祥字词（图4）。

图3　清末民初　“福”字小银元宝

图4　清末民初　“荣华富贵”“喜”字方银元宝

图5　1890年　“福禄寿”银杯碟

实用器皿也多有吉祥文化的体现。这件1890年的“福禄寿”银杯碟（图5），杯型如马克杯，外部通体錾刻，主体图案为细珠纹饰作地满饰浮雕梅兰竹菊花草图案，其间三块留白处分别浮雕“福”“禄”“寿”文字。托碟纹饰与杯身相同。该杯碟组合器形和工艺具有西方特色，纹饰图案则具有中国传统特色。

2　海上繁花传喜意

近代银器中，还有一类吉祥主题纹饰颇为常见。馆藏清末民初“喜上梅梢”银罐（图6），通高10.5厘米。整器形如一个饱满成熟的柑橘类果子，可能是熏香炉。器身满布錾刻花、叶、枝图案，花朵为五瓣，叶为卵形。上部的花枝上停落一鸟，尾羽长而直，接近躯干长度。它正曲颈低头，似乎在花丛中寻觅着什么。顺着它的视线方向看过去，画面的底部又见一鸟，扭头朝上望着。两只鸟的相对位置大致呈中心对称，构图平衡而和谐，富有层次，意趣盎然。四面图案基本相同。这件银器的花鸟图案与喜鹊登梅的要素相合，鸟的造型较准确地表现了喜鹊的外形特征，梅花的花朵也较写实，唯叶片略有出入。习见的梅花为先花后叶，此处将花与叶同聚一处，或是为了提高艺术表现，或是借鉴了与梅花相近的其他蔷薇科植物及杂交品种的形象。

图6　清末　镂空“喜上梅梢”银罐

同样的题材也在更具西方色彩的银器上出现。这件银碗（图7）是法国球场总会1917年春天组织举办的草地网球双人障碍比赛时的奖品，得主为两名外侨[①]。银碗口沿处锤锞为卷边莲

① 法国球场总会曾经是近代上海著名的外侨总会之一，碗侧面铭文“C.S.F.”，即Cercle Sportif Francais的缩写。

花形，器身等分为六个莲瓣，莲瓣中各錾刻多种浮雕花草纹饰，其中与刻写的铭文同处一个画面内的便是鹊梅图。

无独有偶，馆藏上海“德祥”号制作的1927年大英烟公司浦东工程部同人赠外籍高管银碗，器腹外侧也錾刻浮雕式喜鹊登梅图；1921年花鸟纹银罐（图8），罐身同样錾刻鹊梅图。两者图案与传统国画在构图、造型、风格上一脉相承。

图7　1917年　上海法国球场总会体育比赛银碗

图8　1921年　花鸟纹银罐

鹊梅图不仅用于中式器皿，也有装点西式器具的例证。如这两件银盾（图9、图10），祝贺语分别为“寿比南山”“福禄鸳鸯”。欧洲封建时代形成和流行的纹章文化延续到近现代，它将贵金属打造成盾形，集奖杯、奖牌、锦旗、奖状的诸多功能于一体，是一种庄重、宝贵、符号化的礼品。盾的银质部分周缘錾刻图案，梅花花枝曲折伸展，盾顶部有一只喜鹊，左右两侧各有一到两只。两件银盾是民国时期海军部测量局的中国同人赠予英国人米禄司的婚庆、生

图9　民国　“福禄鸳鸯”银盾

图10　民国　“寿比南山”银盾

日礼物[4]。“福禄鸳鸯”“寿比南山”“喜上梅梢”，可谓福禄寿喜俱全。

随着中西交往的深入，制作银器除了选用舶来器类外，越来越多的东方固有品种也逐渐被用于这些目的，有不少还被赠予欧美人士[5]。“喜上梅梢”图的频繁出现，一方面是因为中国工匠最为擅长的还是传统艺术风格，另一方面也反映了当时在华外国人对东方传统艺术和文化的接受、兴趣和偏好。

3 天生鹊梅观博物

中国传统纹样中，花鸟图案历史悠久。新石器时代至秦汉，花木、草叶、飞禽、神鸟的形象，大量装饰于陶器、玉器、青铜、画像砖、画像石、壁画等介质，总体上较为抽象，以渲染自然的神秘力量和神巫的奇诡气氛。魏晋南北朝时期，随着社会发展和文化变迁，花、鸟的图案形象逐渐具象写实化，走向世俗生活。到唐代，花鸟画成为独立的一种画科，绘画艺术与其他各种工艺美术互动互鉴。如衔绶鸟在唐代就是最为流行的纹样，各种器具上都广为运用，绶带寓意长寿或官位亨通。飞鸟仙禽又逐渐与“花红草绿”结合起来，成为流行的祥瑞图案，象征吉祥、生活美满[6]。到辽宋金元时期，流行榴枝双鸟图、绣羽鸣春图、牡丹山石孔雀图等，这些都是花草与灵禽的元素组合。以梅花为主要元素的“梅梢月”也是宋元时代的流行纹样，如福建邵武故县南宋窖藏中的一副银盘盏，錾刻梅花和花枝的造型，与后世乃至近代银器已非常相近[6]。

以纹样中各个元素的谐音构成吉祥之意，明代才开始流行，至清代进一步发扬光大。上至朝廷，下至平民，都对各种谐音吉语及其对应图案钟爱有加，几乎处处都可以用“看图说话”的思维方式以谐音读出吉祥寓意。此前常单独出现或与其他元素组合的喜鹊、梅花，此时便形成了固定组合，也有画蜘蛛（喜蛛）缀在梅梢上的，相对而言喜鹊显然更为直白。喜鹊登梅、喜上眉（梅）梢，既是谐音，又取鹊、梅二者本身的美好品格和喜事临门、报春迎春的寓意，可谓形意兼备、音画协同、强强联合。除了大量的绘画作品，鹊梅图在各种材质的器物上也都有体现，如本次展览中即有清乾隆哥釉青花喜上眉梢纹笔筒、清代青花喜鹊登枝纹八角盘、清代青花喜上眉梢纹盘、清道光黄釉粉彩喜上眉梢纹帽筒、民国时期喜鹊登梅纹银五事儿等，其普及和受欢迎的程度可见一斑。

喜鹊即鹊，属于雀形目鸦科鹊属，与乌鸦同科不同属。杂食，多从地面取食。体型较大，从头至尾可达45厘米左右，喙粗壮，尾羽占体长的一半。头、胸、背和尾羽均为黑色，但具有蓝绿色金属光泽，尾羽尤为明显，翅膀羽毛大部分为黑色，初级飞羽呈白色，肩、腹为白色，在野外非常容易辨识。喜鹊在我国大部分地区都有自然分布，北方地区极为常见，常见于树顶、草地，平时叫声似“嘎嘎”声，繁殖期的鸣声则婉转悦耳[7]。善筑巢，巢结构精巧，不避人类，能较好地适应被人类改造过的环境，在树木和人造建筑上都能筑巢。

美观、善鸣、亲人，使得鹊很早就为人所熟悉，融入人居环境，受到广泛喜爱。自唐代起，民间传说鹊能报喜，开始以“喜鹊”冠名，进而演绎形成了“鹊桥相会”的传说，有了喜结良缘的象征意义①。喜鹊不仅报喜，还带来闹春的欢欣②。另外，与喜鹊外观相近的灰喜鹊、蓝喜鹊在民间认识中也属宽泛意义上的喜鹊。有趣的是，喜鹊还有一些特性，如有着极强的领地意识，好斗善战，甚至敢于攻击猛禽，有很高的智力。这些自然禀赋似乎并未引起古人的兴趣和联想，但在今天给我们提供了更丰富的“人设”资源。

梅属于蔷薇目蔷薇科李属李组（据新的系统发育证据）。野梅在中国的分布中心是以川、滇两省为主的西南山地，次中心是长江中下游南岸的山地。安阳殷墟发现的梅核，表明最迟在距今3200多年前梅子已进入先民的食谱。最早驯化引种的梅出现于春秋时期，至汉代开始有花果兼用的品种。南北朝时，梅花的观赏价值才被充分发掘③。经过长期培育，观赏梅花形成数百个品种，如枝条扭曲虬结的龙游类、枝条下垂的照水类、白色的绿萼型、粉红的宫粉型、一树红白二色的洒金型等[8]。

梅性喜温，略微耐寒，平均温度达到6～7℃时开花，一般在这时中国大部分地区仍然较冷，多数植物尚未萌发，梅花以率先“凌寒独自开”，加之清新的香气，便被赋予高洁、坚韧、谦虚等拟人品格，备受爱慕推崇。历代文人墨客、画师艺匠咏梅、画梅的作品可谓浩如烟海，从“聊赠一枝春”的范晔到“梅妻鹤子”的林逋，从王冕的《墨梅图》到金农的《玉壶春色图》。梅花在“岁寒三友”“四君子”中皆有一席之地，而今也是国花的有力竞争者。传统的文人文化中以白色的梅花为尊，到了现代，红梅的地位上升。梅花除了洁身自爱、凌霜自傲的性情之外，更被赋予了新时代的革命豪情和奋斗激情，焕发新的光彩④。此外在科学研究方面，梅花是中国第一个持有的国际品种登录权威（1998年），意义非凡。这既是因为梅花品种选育在中国的历史最为悠久，也有赖于诸多梅花研究者多年来的薪火相传、共同努力[9]。

4 小结与讨论

近代上海银器体现了复杂多样的中西交融的动力过程和文化风貌，具有鲜明的时代特色。时至今日，随着后殖民、全球化浪潮和现代艺术风格、新设计理念的兴起，包括银器在内的各类艺术设计与地域、民族、文化逐渐“解绑”，变得更风格化、标签化、模块化。就“喜上梅梢”本身而言，它经历了从萌蘖到形成雏形，再到固定成组合，以及不断演变微调的发展过程。“喜上梅梢”主题的近代实践，表明通过多种方式（例如西式器形和中式纹饰，中式器形纹饰和西式字符，中西杂糅的器形和纹饰，以及工艺技术上的中式、西式借鉴融合等）实现的东西合璧对于焕发传统文化的新生命力是行之有效的路径。以此观之，在新技术、新材料不断

① 五代王仁裕《开元天宝遗事》载：“时人之家闻鹊声者，皆为喜兆，故谓灵鹊报喜。”

② 北宋欧阳修《野鹊》：“鲜鲜毛羽耀明辉，红粉墙头绿树枝。日暖风轻言语软，应将喜报主人知。”

③ 南宋杨万里《和梅诗序》云：“南北诸子如阴铿、何逊、苏子卿，诗人之风流至此极矣，梅于是时始以花闻天下。”

④ 如毛泽东《卜算子·咏梅》、歌曲《红梅赞》中词“千里冰霜脚下踩，三九严寒何所惧，一片丹心向阳开”等。

迭代更新的今天，传统吉祥图案完全可以也应当寻求突破，不拘泥于习见的文玩雅好、艺术非遗范畴，而向文化创意、工业设计、“二次元”流行文化等领域开辟新的用武之地，以新运用、多载体、全媒介为导向目标，这就不只是在现代化早期中西方的二元模式下加以融合，而是适应新的时代要求的多元互动探索。笔者以为有三个可行的方向。

一是弘扬生态文明思想内核。“喜上梅梢”的图形元素是花鸟或曰“植物+动物”组合，象征着自然景观，而它们与人类的密切关系，又象征着与人居环境结合的自然。结合其蕴含的平和喜庆、乐观积极、充满活力的正面情感，可以赋予新的寓意——在绿水青山间实现诗意的栖居，人与自然和谐共生，建设生态文明，推进“五位一体”总体布局，更好地推动人的全面发展、社会的全面进步。

二是引入博物学的自然科普教育。喜鹊、梅花都是日常生活中非常常见的物种，它们各自及其组合所包含的吉祥寓意也早已根植于文化语境中，无论少年儿童还是成人都易产生兴趣，可以作为很好的科普主题和相关联学科知识的切入点、“催化剂”，科学、艺术、人文融合，与时兴的STEAM教育颇为契合，观鸟、赏花也是现在方兴未艾的户外活动项目。例如前述关于喜鹊智力高、凶狠好斗、适应性强的生物行为特征，梅花育种的历史、研究的进展、文化象征的变化等，都是很好的拓展知识和研究性学习的课题。

三是作为文化元素进行再设计。鹊梅图经历长期发展，已经高度标准化、程式化，可以在保持核心要素的基础上，大胆进行创新设计，如抽离出已成定式的具象写实表现法，作抽象化、平面化设计，或是运用其他各种迥异风格，形成设计的“产品矩阵”。喜鹊和梅花本身的轮廓线条、色彩搭配、动静组合，具备改造重塑的优秀潜力。另外，“喜上梅梢”堪称“玩谐音梗”的优秀案例，诙谐而浑然天成，从此角度或许也可以挖掘更多有趣的“玩法”。

类似“喜上梅梢”这样的能取之于一种文化而在另一种异质文化中获得广泛接受和喜爱的现象，看似平常，其实是一个长期的试验、筛选、优化、培育的过程。世界各地普遍存在这类动植物图形元素组合，对自然景物进行观察、欣赏和描摹亦是人类共通的行为。对于西方世界，梅花和喜鹊在他们的民俗和传统上都不存在冒犯和禁忌的问题；对于中国，两者也不带有特殊的涉及民族自尊心的负面隐喻。梅花和喜鹊承载的对于幸福喜乐的愿望追求，不分民族和国界，具有文化的普适性。冲突最小化、共识最大化，和谐共存、美美与共，传统吉祥图案中，有类似表现和特点的元素值得我们挖掘和利用，去塑造更多的具有国际影响力和美誉度的“广谱文化”。

参考文献

[1]上海博物馆. 上海唐宋元墓[M]. 北京：北京科学出版社，2014：30.

[2]唐克美，李苍彦. 中国传统工艺全集·金银细金工艺和景泰蓝[M]. 郑州：大象出版社，2004：43-44.

[3]胡宝芳，彭晓明，张牡婷. 老银器中的老上海："海上银珠 厚德流光"展品背后的故事[N]. 文汇报，2018-05-18（12）.

[4]胡宝芳. 近代上海银器中的中外情谊[J]. 收藏家，2018（02）：68.

[5]召苏. 东西方文化交叉点上的华彩：两种东方银器[J]. 艺术品，2015（02）：75.

[6]扬之水. 中国古代金银首饰[M]. 北京：故宫出版社，2014：9.

[7]约翰·马敬能，卡伦·菲利普斯，何芬奇. 中国鸟类野外手册[M]. 长沙：湖南教育出版社，2019.

[8]中国科学院中国植物志编辑委员会. 中国植物志第三十八卷·蔷薇科（三）/牛栓藤科[M]. 北京：科学出版社. 1986：31-33.

[9]陈俊愉，吕英民. 从梅品种国际登录谈中华花卉品种国际登录的意义[J]. 北京林业大学学报，2001，23（S1）：30-34.

*文中图片均由上海市历史博物馆（上海革命历史博物馆）提供

益寿延年 高风峻节——画中秋菊

唐永余 ■ 上海市历史博物馆（上海革命历史博物馆）

菊花原产于中国，有着三千年悠久的栽培历史，与梅、兰、竹合称“四君子花”，是传统十大名花之一。菊，古称鞠，一般花开在九月，此时百花凋零，唯独它凌霜绽放，故为文人墨客所钟爱，并赋予“不与百花争艳的高风亮节”“傲首凌霜宁死不摧的铮铮傲骨”君子隐逸之寓意。菊花还有益寿延年的药用价值。早在汉代《神农本草经》记载：“（菊花）久服利血气，轻身、耐老、延年。”[1]《西京杂记》载：“菊花舒时，并采茎叶，杂黍米酿之，至来年九月九日始熟，就饮焉，故谓之菊花酒”，人称“长寿酒”。[2]农历九月初九为我国传统重阳节，菊花绽放大致在其前后，因此在民俗活动中除了登高、插茱萸外，赏菊、饮菊花酒也是必不可少的活动。菊花以其君子之风的寓意及其益寿延年的功用，深深地融入中国传统文化之中。文人喜欢将其吟入诗句、写入纸绢；百姓喜欢其吉祥寓意，菊花纹样在头饰、服饰、漆器、陶瓷、金银器等生活器具上随处可见。

早期菊花多为野生，花色多是黄色，《礼记·月令》有载“季秋之月，鞠有黄华”[3]，故菊花也有黄华的别称。菊花姿态秀美，色彩素净，香气淡雅，神韵清隽，且能入药入酒，自古深受士大夫喜爱。屈原《离骚》中曾吟：“朝饮木兰之坠露兮，夕餐秋菊之落英。”到了晋朝，陶渊明爱菊成癖，养菊，赏菊，吟菊，饮菊花酒，“采菊东篱下，悠然见南山”“秋菊有佳色，裛露掇其英”等名句千古传唱，将菊文化推向了一个高潮。到了唐代，菊花人工栽培技术提高，新品种不断出现，赏菊、吟菊依旧为文人所津津乐道。此时，菊花从中国随着遣唐使东渡日本，很快融入日本皇室生活，甚至成为皇室专有徽标，进而发展出日本菊文化。到了宋代，菊花栽培更盛，品类不断增多，观赏价值大大提高。在皇家及士大夫阶层，重阳赏菊渐成一种时尚，广泛流传，还出现了记载观赏菊花的专著——《菊谱》。到了南宋，在临安流行重阳节举办菊花盛会，各种奇花异种争奇斗艳。宋代正是中国花鸟画的鼎盛时期，菊花也常常被写入图画中。黄筌父子所作的花鸟画，在写生基础上，以精细的笔致勾勒轮廓，层层赋色，极具立体感，形象逼真，色彩富丽堂皇，开创了“黄家富贵”工笔重彩写实之风。现存最早以菊花入画的作品为赵昌的《写生蛱蝶图》（北京故宫博物院藏）。南宋朱绍宗画《菊丛飞蝶图》亦极为出色，画中菊花姿态各异，错落有致，敷色典雅，层层渲染，画法不脱黄家一派。随着宋元文人画兴起，梅兰竹菊逐渐成为花鸟画的重要题材，不求形似而以意趣取胜，寄情遣兴，借花明志，米芾、苏轼、文同、郑思肖、钱选、王渊、柯九思等皆是能手。到了明代，菊花的品种已多达200多种，各种菊谱专著也日益增多。明代画家中也不乏以写菊著称之人，《明画录》载有十余人，其中以黄翊、计礼为最。黄翊家植菊花数百株，朝夕写生，熟悉菊花在灯前月下、风雨阴晴之变化，故写菊入神。计礼则以草书笔法写墨菊，颇能传神。[4]此外，明代著名花鸟画家也大都有菊花之杰作，如宫廷花鸟画家代表吕纪《桂菊山禽图》，一面继承黄家工笔重彩之法，一面将水墨融入其中；勾花点叶派创始人周之冕的《菊花鹌鹑图》，以勾勒法画花，以水墨点染叶子，开创了兼工带写的小写意花鸟画；以“白阳青藤”而著称的陈淳、徐渭更是将大写意墨菊发扬光大，水墨酣畅，点画之间颇能传神，如陈淳的《菊花》、徐渭的《菊竹图》等。在明末清初，菊花由中国传入欧洲，后又传入美国，菊花从中国走向了世界。到了清代，恽寿平极喜欢画菊，宗法北宋野逸派花鸟画家徐熙，将没骨法发扬光大，不用墨笔勾勒轮廓后敷色，而是以墨色直接写出，点染并用，画风清新雅致、平淡天真。石涛、八大山人、扬州八怪写菊则继续沿着大写意画法，或用笔劲爽，墨气淋漓；或构图奇特，刚劲浑朴；或不拘绳墨，纵横豪放；或以书入画，诗画一体。

乾嘉时期，考据金石之学大兴，很多饱学之士，能诗善书，亦好丹青，张问陶便是其中一位。张问陶（1764—1814），字仲冶，号船山，四川遂宁人，清代著名的诗人、书画家。他自幼禀赋异常，乾隆五十五年（1790）中进士，历任翰林院检讨、御史、吏部郎中、莱州知府，因为人耿直而与上官不和，以病乞归，寓居吴门，往来于大江南北，不久病逝吴门客舍。他才华横溢，诗书画样样精通，诗作五千余首，有《船山诗草》《张船山诗文集》传世，其诗述怀叙事或大气磅礴，或空灵至情至性，诗名有“蜀中之冠”，与李白、杜甫相媲美；其书画为其诗名所掩，书法行书劲健有力，草书行笔流畅，一气呵成，气势磅礴；善画山水、花鸟、人物，不经意处皆有天趣。[5]

此画（图1）构图奇特，取半盆菊花入画，陶盆用粗笔勾勒，用干湿浓淡不同墨色横笔皴出明暗，寥寥数笔却见陶盆的质感与古朴。盆中植有几枝菊花，或全面绽放，或半开半放，或含苞待放，姿态各不相同，还有一枯枝无花无叶挺立向上。无论是枝干还是花朵的线条正如其书法一样劲健有力，而花叶则用干湿浓淡不同的水墨点染而成，与徐渭大写意花卉有异曲同工之妙，少了一些恣意，多了份雅致。花盆底部绘一枝佛手，枯笔淡墨画出其佛手形状，再以湿笔浓淡墨色分出前后枝叶，使得干净利落的浓墨枝叶与果实形成强烈对比。此画虽为水墨写意画，却将菊花之态、佛手之形神韵描绘得自然天成，将墨分五色表现得淋漓尽致。画中题七绝诗一首，前两句点出菊花傲首凌霜独自盛开的铮铮铁骨与晚节高尚的谦谦君子之风。后两句颇具禅意，菊花益寿延年之功用，与道教炼丹修仙不谋而合，佛手因其形似佛祖的手指而得名，与佛教参禅悟道似乎有着切不断的联系，菊花与佛手之间用“斗”字意味深长。张问陶一生才华横溢，为人刚正耿直，在为官之道上走得并不算顺畅，在御史职位时他几乎参遍了贪官污吏，得罪了不少权臣，最终下放莱州知府，不久辞官归隐。菊花正是其一生刚正不阿的真实写照。从他逸事中可知他是不赞成佛教的，因此还得罪了相国朱文正，佛果“斗”秋菊不知是

图1　清　张问陶　墨菊佛手图轴
纵71.5厘米，横48.8厘米

款识：璘璘傲首自凌霜，晚节花看发古香。证得仙心明佛果，秋风影里斗新黄。船山居士戏笔。
钤印：“张问陶印”（朱文）、“船山”（朱文）

否有此意？

上海开埠后，五方杂处的政治格局、海纳百川的多元文化氛围以及公开、公正、公平的书画市场的形成，为鬻画为生的画家群体提供了一个充分展示自我的艺术大舞台，各地画家纷纷来沪鬻画。他们虽各有师承、流派各异，但在上海这座艺术大熔炉中，逐渐形成了以书画市场机制为纽带的职业画家群体，他们画作参与商业化市场运作，在传统基础上吸收民间以及西方艺术营养求变创新，风格清新艳丽、题材喜庆吉祥，雅俗共赏，被称为“海上画派”，亦俗称“海派绘画”。海派花鸟画在没骨法之上辅以率意笔墨，造型生动和设色清新艳丽，笔致秀逸，雅俗共赏。菊花也是海派花鸟画中的重要角色，并形成了石菊、竹菊、松菊、佛手菊、水仙菊、芭蕉菊、菊猫、菊鹤、菊鸡、菊蟹等多种组合，皆取其吉祥长寿之意。海派名家大多是写菊能手，任伯年清新雅致，虚谷冷峻质朴，蒲华酣畅淋漓，赵之谦金石十足，吴昌硕画气不画形，磅礴浑厚。此外，海派故事人物画中，菊花往往与爱菊成癖的陶渊明一起出现，或是东篱赏菊，或是载菊归舟。任伯年便是其中佼佼者，取法陈洪绶，人物形象高古，笔法刚劲流畅，设色清新淡雅，对于海派人物画影响深远。郦馥，字芗谷，浙江诸暨人，寓居上海，任伯年弟子，笔力俏劲，画似其师。[5]在任伯年众弟子中，他学习任氏画法极为尽心，亦步亦趋，不越雷池一步，可谓是学任伯年画风最像的一位，但恰恰因为没有自身特色而沉寂在名家辈出的海派画坛，正如齐白石所说：“学我者生，似我者亡。”

载菊归舟扇面（图2）中所画一高士头戴方巾端坐于舟中，正在欣赏花盆中一簇黄白相杂的菊花，船头撑船人背影隐见松树之后，船只似乎在靠岸；岸边松树奇曲，一棵树干弯曲伸向湖中，一棵树干耸立枝叶下垂。从高古的人物形象，淡雅的设色，再到典型的钉头鼠尾描笔法以及菊花、松树的造型，甚至款字都不脱任伯年窠臼，唯独笔力稍弱，造型不够精致，可见其

图2　1889年　郦馥
载菊归舟扇面
宽51厘米，高18.5厘米

款识：镜贤仁兄大人雅正，己丑仲春，
诸暨郦馥芗谷甫写。
钤印：“馥印”（白文）

深得任氏神髓。载菊归舟图取材于陶渊明《归去来兮辞》，他不畏五斗米而折腰，辞官乘舟回归田园，作者又将松、菊融合到一起，健康长寿的吉祥寓意不言而喻。此图既蕴含着清高的君子之意，也包含了健康长寿的吉祥寓意，雅俗同赏。

在海派画家中，也不乏以画菊成名之家。吴树本、谢公展与缪谷瑛，皆因画菊而闻名，有"海上三家菊"之称。吴树本(1869—1938)，字笠仙，号餐英阁主，江苏扬州人，画菊以工笔和写意相结合，有一金买一菊之说，开创了扬州"吴氏菊派"。谢公展(1885—1940)，名寿，一作翥，字公展，江苏丹徒人，画菊勾花点叶，笔墨挺拔雄劲，设色缤纷绚丽，多各种菊花组合，高低错落，各色相间，姿态万方，有"谢家菊"之称。缪谷瑛(1875—1954)，字莆孙，号由里山人、晚香室主，江苏江阴人，工画花卉，最擅写菊。其寄居上海时曾任教于仓圣明智大学，为国画教师。因哈同爱俪园中名菊甚众，其课余必往写生，工笔彩绘，极得秋色晚香之盛。经历年积累，笔下所绘之菊达三百余种，时人称之为"画菊专家"。[6]

此幅艳集篱东图(图3)，出自陶渊明"采菊东篱下，悠然见南山"诗句这一典故。它不同于大写意的墨菊笔法，也不同于将菊花融入历史故事中去描绘，而是聚焦于菊花之美。它采用兼工带写的小写意笔法，满幅扇面全部集中在几枝菊花之上，墨绿色的枝叶，衬托着黄白紫各色菊花花瓣，种类不一，姿态各异，含苞待放、半开半合、全面绽放，花瓣层层叠叠，描绘得细致入微，尽显菊花艳丽之美、傲雪凌霜之态。此幅菊花扇面恰写于重阳之日，正和民俗中"重阳敬老，益寿延年"的祝福之意。

20世纪二三十年代，在京津地区聚集了一批清宗室画家、退隐的清廷官员画家以及外地来京画家。他们成立书画研究社团，以"精研古法，博采新知"为宗旨，重视传统笔墨技法，吸收其他流派精华，并借鉴西方绘画技巧，形成了自己独特的创作风格，这些画家群体被称

图3　1943年　缪谷瑛　艳集篱东菊花成扇
宽45厘米，高31.8厘米

款识：艳集篱东。癸未重九日写奉萼孙先生雅正，谷瑛缪莆荪。
钤印："缪莆孙"(白文)、"谷瑛氏"(朱文)

图4　1921年　徐世昌　菊石图
纵102厘米，横34.5厘米

款识：石丑数尺礓，苔深三寸荨。晚菊自开花，画格本不俗。辛酉二月水竹邨人。
钤印："弢斋书画"（朱文）

为"京津画派"。其代表人物陈半丁、齐白石、陈师曾等花鸟画高手，都擅长画写意菊花。他们近学海派吴昌硕，苍劲浑厚，远追徐渭、陈淳，博采众家之长。与吴昌硕相比，他们更注重笔墨传统，构图多变，设色清新艳丽，更贴近生活。而于非闇、刘奎龄则扛起了复兴工笔画的大旗，上溯宋代工笔重彩的笔墨传统，又吸收西方素描、光影明暗等技法，他们所画的菊花，绚烂多彩，往往与鸟虫动物融为一体。在京津画派中，有着一位非同寻常的画家，他曾位高权重、辉煌一时，是书画研究社团重要的推动者；他国学功底深厚，不但著书立说，还能诗善书，精于绘画，诗书画三绝。他便是有"翰林总统""文治总统"之称的徐世昌。徐世昌（1855—1939），字卜五，号菊人，又号弢斋，晚署水竹邨人、石门山人、退耕老人等，直隶天津人，清代光绪进士出身，历任翰林院编修、军机大臣、东三省总督，北洋时期曾任第五任民国大总统。他书法宗苏轼，略变其体，劲瘦流畅；绘画工山水、松竹花卉，清秀雅逸。

此菊石图（图4）以淡墨勾出山石之形，用浓淡不同的墨点点苔，底部碎石以水墨烘染，显得水墨淋漓。山石前后，各有一簇菊花，山石底部有竹枝斜伸出来。画中右上角题写五言律诗一首，前两句描绘了画中僵直的丑石上附着深深的苔藓，后两句因为描绘盛开的晚节花——菊花，画格变得不俗。徐世昌一生深爱菊花，从他号"菊人"便知。他退隐后喜欢养花种草，菊花更是成了他的心头好，因此菊花亦常常入画。本幅墨菊，取法徐渭、八大山人、石涛一路，用大写意笔法，水墨酣畅，再书诗一首，诗书画融为一体，是典型的写意文人画。

在中国画史上善于写菊之人数不胜数，本文结合上海市历史博物馆馆藏的几幅菊花作品对画中秋菊进行简单梳理，难免挂一漏万，还望方家指正。菊花自古就深深融入中国传统民俗，至今重阳节登高、赏菊也是重要活动。菊花益寿延年的美好寓意，不与百花争艳的谦谦君子之风，傲首凌霜的不屈不挠精神，这些都与中华民族的优良传统一一吻合。画中秋菊无疑是留给我们的一笔宝贵文化遗产。

参考文献

[1][魏]吴普等述，[清]孙星衍，孙冯翼撰. 神农本草经[M]. 南宁：广西科学技术出版社，2016：12.

[2]李仲芳. 花与中国文化[M]. 成都：西南交通大学出版社，2016：144.

[3]万剑. 中国古代缠枝纹装饰艺术史[M]. 武汉：武汉大学出版社，2019：187.

[4]刘治贵. 中国绘画源流[M]. 长沙：湖南美术出版社，2003：359.

[5]包铭新，贾一亮. 四任传人[M]. 上海：东华大学出版社，2012：36.

[6]卢辅圣. 海派绘画史[M]. 上海：上海书画出版社，2018：187.

[7]胡传淮. 张问陶全国学术研讨会综述[J]. 四川职业技术学院学报，2015，25(02)：41-45.

* 文中图片均由上海市历史博物馆（上海革命历史博物馆）提供。